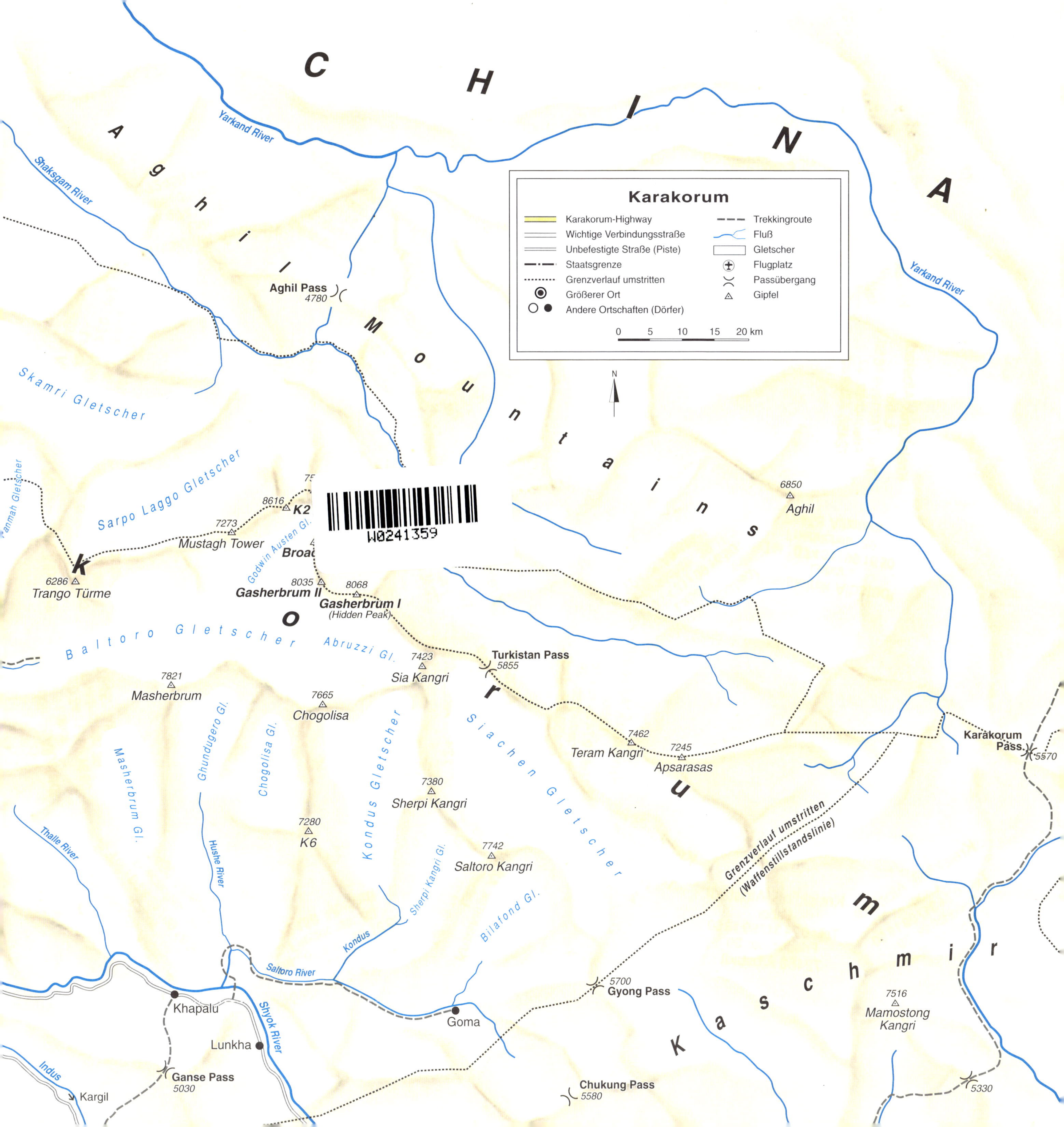
C H I N A
Karakorum
Karakorum-Highway
Wichtige Verbindungsstraße
Unbefestigte Straße (Piste)
Staatsgrenze
Grenzverlauf umstritten
Größerer Ort
Andere Ortschaften (Dörfer)
Trekkingroute
Fluß
Gletscher
Flugplatz
Passübergang
Gipfel
0 5 10 15 20 km
N
Yarkand River
Shaksgam River
Aghil Mountains
Aghil Pass
4780
Skamri Gletscher
Sarpo Laggo Gletscher
Panmah Gletscher
8616
K2
7273
Mustagh Tower
Godwin Austen Gl.
Broad
6286
Trango Türme
8035
Gasherbrum II
8068
Gasherbrum I
(Hidden Peak)
6850
Aghil
Baltoro Gletscher
Abruzzi Gl.
7423
Sia Kangri
Turkistan Pass
5855
7821
Masherbrum
7665
Chogolisa
Karakorum
Ghundugero Gl.
Chogolisa Gl.
Masherbrum Gl.
Kondus Gletscher
Siachen Gletscher
7462
Teram Kangri
7245
Apsarasas
Karakorum Pass
5570
7380
Sherpi Kangri
7280
K6
7742
Saltoro Kangri
Thalle River
Hushe River
Sherpi Kangri Gl.
Bilafond Gl.
Grenzverlauf umstritten
(Waffenstillstandslinie)
Kondus
Saltoro River
Shyok River
Khapalu
Lunkha
Goma
5700
Gyong Pass
7516
Mamostong Kangri
Kaschmir
Ganse Pass
5030
Indus
Kargil
Chukung Pass
5580
5330

Rollo Steffens

# FASZINATION KARAKORUM

## DIE WILDEN BERGE ASIENS

Bruckmann

# INHALT

# VORWORT

## DER BLICK ÜBER DEN HORIZONT

*Unsere Erde – aus dem Weltraum gesehen nur eine blaue Kugel …*

Zum ersten Mal in meinem Leben bin ich in so großer Höhe, auf 6400 Metern. Es hat mich viel Mühe und Schweiß gekostet, hierher zu kommen, Mühe auch finanzieller Art. Aber jetzt bin ich froh, dass ich mich nicht von den Schwierigkeiten habe abschrecken lassen. Jetzt steige ich hoch über den Wüsten- und Steppenlandschaften Zentralasiens einem der großen Gipfel entgegen, dem Pik Lenin im Pamir, 7143 Meter hoch. An Lager 4 sind wir schon vorbei, fast 750 Meter trennen uns noch vom Gipfel.

Wenn ich dort drüben an den Rand des Schneeplateaus gehe, kann ich vielleicht zum ersten Mal auf die andere Seite hinunterschauen …

Jörg ist mit mir gekommen. Unter uns reiht sich Berg an Berg, bis zum Horizont nichts als Gipfel.

»Das sind alles Fünf- und Sechstausender …«, sagt Jörg.

Ich kenne Jörg, einen Grazer Bergsteiger, aus dem Basislager. Er ist nicht zum ersten Mal hier.

»… und sie sind alle schon viel niedriger als wir«, fährt er fort, »und ganz dort hinten«, er zeigt mit dem Arm in Richtung Südost, »da liegen die Berge des Karakorum, dort ist Pakistan.«

Die Sonne blendet, ich kneife die Augen zusammen. »Ja«, antworte ich und fahre etwas zögernd fort, »irgendwann will ich dort auch noch hin!«

Den Gipfel des Pik Lenin sollte ich zwar erst elf Jahre später erreichen, doch an diesem Tag im Sommer 1984 hatte ich den Blick über den Horizont getan. Nicht über den wirklichen – über den eigenen.

Ohne dieses kleine Intermezzo wäre mein Leben anders verlaufen.

Unsere Erde – aus dem Weltraum gesehen nur eine blaue Kugel. Doch was alles existiert, lebt auf dieser Kugel! Welch ein komplexes Gebilde aus Ozeanen und Kontinenten, Menschen und Tieren, Flüssen, Wäldern und Seen, Wüsten und Gebirgen!

In eines der großen Weltgebirge soll dieses Buch führen. Es geht zum Karakorum, auf die bekannte und auf die unbekannte Seite seiner Achttausender. Genau ins Zentrum dieses Gebirges, etwa dorthin, wo der zweithöchste Berg der Welt steht. Die Menschen in seiner weiteren Umgebung nennen ihn voller Respekt »Chogori« – Großer Berg.

Unsere westliche Welt kennt diesen Berg kurz und bündig als »K2«, nichts als eine Kote, vergeben von einem Landvermesser des Survey of India. Seine wilden Nachbarn sind nicht weniger hoch und bei den Kennern des Himalaya und des Karakorum fast ebenso berühmt: Broad Peak oder Falchan Kangri, Gasherbrum II, Hidden Peak, Masherbrum, Chogolisa, Mustagh Tower und Mitre Peak.

Begonnen hat alles vor rund 20 Jahren mit Kurt Diemberger, dem Erstbesteiger des Broad Peak und des Dhaulagiri, dem »Kameramann der Achttausender« – oder sagen wir besser mit seinem ersten Buch. Seinen Klassiker »Gipfel und Gefährten«, den ich nur zufällig auf dem Büchertisch eines Hamburger Kaufhauses liegen sah, legte ich als junger Bergsteiger nicht mehr aus der Hand. Ich las das Buch in einem Zug durch, und die Geschichten von der Erstbesteigung des Broad Peak 1957 und vom Absturz Hermann Buhls am Chogolisa las ich immer wieder. Zu diesen wilden Bergen Asiens wollte ich. Es war nicht einfach, solch einen Traum Wirklichkeit werden zu lassen. Damals lagen diese Berge für mich noch am Ende der Welt, und es wurde ein langer Weg dorthin.

Karwendel, Rofan, Wallis, Montblanc und Pamir – oder Piz Badile, Grandes Jorasses, Eigernordwand, Matterhorn und Große Zinne hießen einige meiner Stationen als Alpinist, bevor mich meine Bergfreunde Günter und Heiko im Sommer 1987 mit in den Karakorum nahmen. Endlich!

In jenem Sommer sah ich auch Kurt Diemberger zum ersten Mal. Wir saßen in Rawalpindis (damals noch) berühmtestem Expeditionshotel, dem »Flashman's«. Das Bild sehe ich noch heute vor mir: Kurt, tief über seinen Teller gebeugt, Reis essend, den Mund halb voll und heftig mit italienischen Bergsteigern diskutierend. Er war guter Dinge, sah prima aus und hatte die große K2-Tragödie vom Jahr zuvor, bei der in einem Sommer 13 Menschen am »Berg der Berge« ums Leben kamen, äußerlich gut überwunden. Als Karakorum-Neuling viel zu schüchtern traute ich mich nicht, mein Idol anzusprechen. Ich war damals Anfang 30, Kurt war 55.

*Kurt Diemberger, Partner, Vorbild und Freund in einem.*

Jahre später brachte uns das Schicksal auf andere Weise zusammen. Wir wurden Freunde. Im Sommer 1994 gelang uns zusammen mit Erika Prokosch aus Wien die erste Durchquerung des Karakorum auf seiner unbekannten Chinaseite zwischen den Achttausendern Gasherbrum II und K2. Obwohl es in unserer erschlossenen Welt wirkliche Expeditionen kaum mehr gibt, löschten wir in jenem Sommer weiße Flecken von der Landkarte. Der Gang über noch nie betretene Schneesättel, Pässe und Gletscher war ein Aufbruch ins Unbekannte.

Unsere Welt hat sich in den letzten Jahrzehnten verändert, rasend schnell und überall – selbst im Karakorum. Auch ich konnte bereits vom Basislager des K2 mit zu Hause telefonieren. Expeditionsbergsteigen heute ist nicht mehr das meiner ersten Karakorumtage, schon gar nicht mehr das der 50er-Jahre des letzten Jahrhunderts. Was geblieben ist, zwischen den Flüssen Indus und Shaksgam ist große Landschaft, im unbekannten Norden noch einsam und weitestgehend unberührt.

Von den Gipfeln des Karakorum, vom Unterwegssein zwischen Rawalpindi und diesen großen Bergen und von unserer »Xinjiang-Explorer-Expedition« sollen dieses Buch und seine Bilder erzählen.

# PAKISTAN

## DAS LAND VOR DEM KARAKORUM

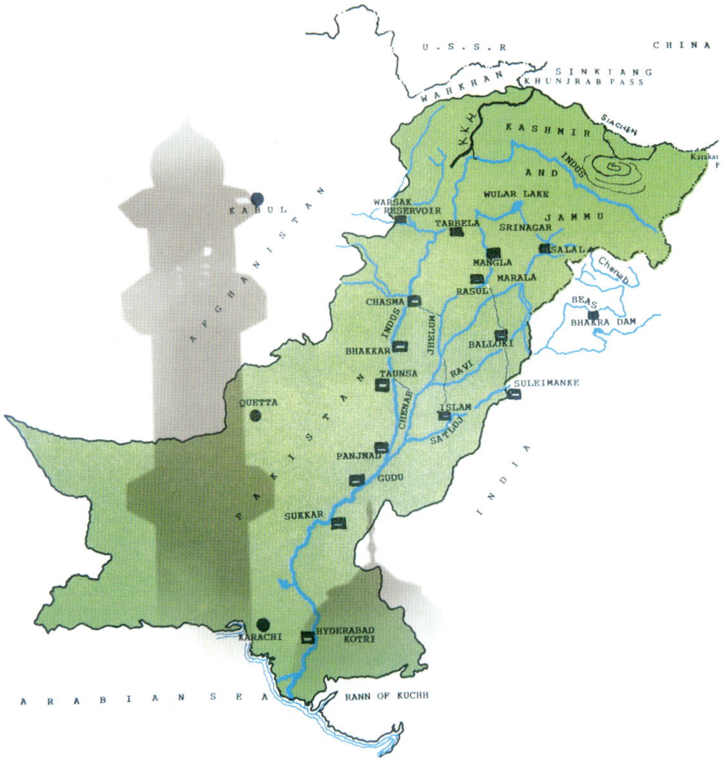


*Pakistan – Das Land vor dem Karakorum.*

Zwanzig Mal so groß wie die Schweiz, etwa ein Zehnfaches von Österreich oder mehr als das Doppelte der Bundesrepublik Deutschland – das ist die Ausdehnung von Pakistan, dem Land vor dem Karakorum. Hier leben zwischen dem Kunjerabpass im Norden und der Arabischen See im Süden auf einer Fläche von etwas mehr als 800 000 Quadratkilometern rund 140 Millionen Menschen, davon mindestens 125 Millionen Muslime aller Glaubensrichtungen: Sunniten, Schiiten, Ismaeliten. Große islamische Bauwerke prägen die Städte dieses Landes, ob in Karachi, Lahore, Peshawar, Rawalpindi oder Islamabad. Als Minderheit unter den Moslems leben, von der Mehrheit geachtet und respektiert, eine Hand voll Hindus und ein paar Christen.

Als im Frühsommer 1945 der Zweite Weltkrieg zu Ende ging, gab es nicht nur Sieger und Besiegte, sondern auch Gewinner und Verlierer. Die großen Gewinner waren die Vereinigten Staaten von Amerika und die Sowjetunion. Beide Staaten stiegen nach 1945 zu Großmächten auf und dominierten weite Teile der Welt, die UdSSR den gesamten Ostblock, die USA die westliche Hemisphäre.

Der große Verlierer von 1945 war Großbritannien. Die Briten, im Mai 1945 noch auf der Seite der Sieger, verloren im Anschluss an den Zweiten Weltkrieg ihr Empire, zu jener Zeit eine Art koloniales Weltreich.

Rasch gingen Englands Macht und Einfluss auch auf dem indischen Subkontinent verloren. Indien selbst wurde unabhängig, und im Sommer 1947 konstituierte sich westlich von Indien ein neuer Staat: Pakistan, seit dem Jahr 1956 Islamische Republik. Muhammad Ali Jinnah, der Staatsgründer, wird auch heute noch im ganzen Land verehrt, und sein Konterfei schmückt fast jede Briefmarke und Banknote des Landes.

## Das Land, die Menschen

Wer als Expeditionsbergsteiger oder als Trekkingtourist zum Karakorum zieht, reist durch diesen Staat. Es ist kein leichter Weg in die »Northern Areas« dieses Landes, und man sollte sich vorab mit der Kultur und mit all den Eigenarten Pakistans umfassend vertraut gemacht haben. Nicht wenige Reisende, die schon große Trekkingtouren in Nepal oder anderen Himalayaländern unternommen haben, »verwechseln« Pakistan mit Nepal und den Karakorum mit dem Himalaya.

Die Anreise durch das Land Pakistan zu den großen Eisriesen im Norden ist eine Reise durch eine eigene Welt. Nichts liegt hier ferner als Europa. Genauso fern wie Europa sind aber auch die Traditionen, die Kulturen und die Religionen der Himalayastaaten Nepal und Tibet.

Wer das Land Pakistan und seine Menschen besucht, kommt in eine moslemische Männerwelt. Frauen sieht man auf den Straßen selten, und wenn, dann fast immer in traditioneller Kleidung mit Tuch oder mit Schleier. Das ist für uns fremd, aber für einen orientalisch-islamischen Staat nur normal. Wir sollten nicht versuchen, etwas daran zu ändern (was wir ohnehin nicht könnten), sondern uns bemühen, die Kultur des Islam zu verstehen, auch wenn uns Menschen der westlichen Welt in vielen Situationen des Alltags die Haare zu Berge stehen.

Ob mit oder ohne Schleier – es ist in Pakistan nicht erwünscht, dass man Frauen fotografiert, ganz besonders nicht in den nördlichen Regionen und bei den Bergvölkern des Karakorum und des Hindukusch und in der Himalayaregion des Nanga Parbat. Wer als Gast in dieses Land kommt, sollte sich an diese Regel halten. Es ist eine Sache der Höflichkeit, und für den Fotografen bieten sich andere Möglichkeiten.

Die Rolle der Frau ist allerdings nicht eindeutig festgelegt, sie ist durchaus widersprüchlich. Auch heute noch hängen in vielen großen Städten Bilder und Plakate der ehemaligen Ministerpräsidentin Benazir Bhutto. Eine

Frau an der Spitze einer islamischen Regierung, das entspricht so gar nicht anderen Erscheinungen wie Verschleierungsgebot und Männerdominanz.

Als der Staat Pakistan gegründet wurde, herrschte nahezu vollständiger Analphabetismus. Inzwischen ist das Bildungsniveau erheblich gestiegen, nicht zuletzt durch die Einführung eines Grundschulsystems nach englischem Vorbild. Der Besuch der Grundschule ist kostenlos. Auch wenn der Anteil der Analphabeten an der ländlichen Bevölkerung noch immer groß ist, so bedeutet das nicht, dass dort niemand lesen oder schreiben kann. Viele schreiben nur anders als wir, nämlich mit wunderschön geschwungenen arabischen Schriftzeichen. Die Amtssprache des Landes ist Englisch, die Nationalsprache heißt Urdu. Einer alten Tradition folgend, spricht man es in den verschiedenen Landesteilen in unterschiedlichen Dialekten.

Die Hauptstadt Pakistans ist Islamabad. Für die meisten Reisenden, die in die Gebirgsregionen des Nordens wollen, ist diese Stadt der Dreh- und Angelpunkt. Über die Städte Karachi oder Lahore kommen nur wenige Karakorumtouristen ins Land, über den Kunjarabpass im Norden nur einzelne. Beide Varianten sind grundsätzlich möglich, doch sind sie umständlich. Für Karakorum-Expeditionen und ihre Mitglieder ist die Anreise über die Hauptstadt ohnehin Pflicht. An den zeitraubenden Besuchen im *Ministry of Tourism* kommt kein Bergsteiger vorbei.

Islamabad ist eine künstliche Stadt. Sie entstand seit 1960 nahezu vollständig auf dem Reißbrett. Fast alle Straßen und Plätze dieses Regierungszentrums sind rechtwinklig angeordnet, und auch das größte Bauwerk der Stadt, die berühmte Shah-Faisal-Moschee, inzwischen die größte Moschee der Welt, ist ein modernes Kunstwerk aus Glas und Beton. Ihre vier spitzen Minarette erreichen eine Höhe von fast 90 Metern, eine Kuppel bietet in ihrem Inneren Platz für 15 000 Gläubige. Zählt man alle Plätze in der Anlage zusammen, mag es für 50 000 Menschen reichen. Fragt man einen Taxifahrer, der mit Stolz auf den Gebäudekomplex wenig nördlich des Stadtzentrums zeigt, werden es leicht 100 000 oder manchmal auch noch ein paar Tausend mehr.

Die heimliche Hauptstadt des Landes ist Rawalpindi. Die lebendige Schwesterstadt Islamabads liegt etwa 30 Kilometer vom Regierungssitz Pakistans entfernt. Beide Städte sind durch eine große Schnellstraße miteinander verbunden. Steht man in »Pindi« auf einem der wenigen höheren Gebäude, so sieht man, dass dieses pulsierende Zentrum eine ganz andere Entstehungsgeschichte haben muss als der Regierungssitz des Landes. Nur wenig abseits von einer der Hauptrouten der alten Seidenstraße nach dem

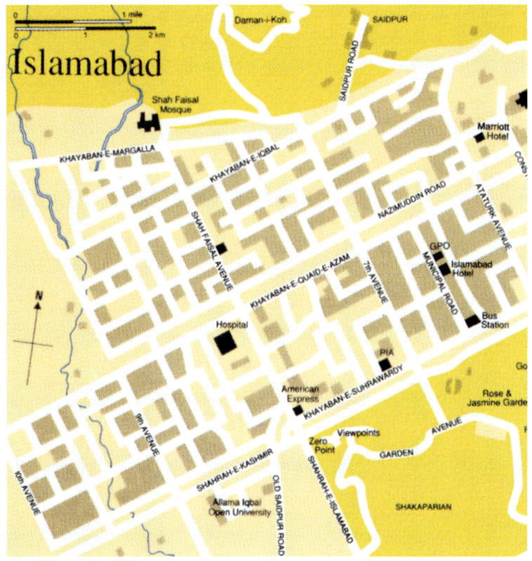


Oben links: *Einst Ministerpräsidentin von Pakistan: Benazir Bhutto. Ein schönes Gesicht an der Spitze einer islamischen Regierung.*

Oben rechts: *... auch wenn uns Menschen der westlichen Welt in vielen Situationen des Alltags die Haare zu Berge stehen! Elektrikeralltag in Pakistan.*

Unten links: *Anders als bei uns: Pakistans Schriftzeichen.*

Unten rechts: *Stadtplan von Islamabad. Alles wie mit einem Lineal gezogen.*

*Islamabads größtes Bauwerk, die berühmte Shah-Faisal-Moschee.*

heute chinesischen Sinkiang gelegen, ist diese Stadt in Jahrhunderten gewachsen. Die überwiegend ein- oder zweistöckigen Häuser sind oft wirr ineinander verschachtelt, für den Fremden kaum überschaubar. Es kommt nicht selten vor, dass sich Touristen ohne kundige Begleitung nach kurzer Zeit hoffnungslos im Chaos der Altstadt verirrt haben. Im Zentrum wandert man durch enge, staubige, finstere Gassen. Fast alle enden irgendwo auf einem Bazar. Diese orientalisch-lebendigen Märkte sind immer laut. Muezzinrufe, Menschengewimmel und knatternde Mopeds prägen das Bild. Dazu kommt in den Sommermonaten erdrückende Hitze. Nervenschwache Touristen halten es hier oft nicht länger als eine Stunde aus und flüchten lieber ins vollklimatisierte Hotel.

Wer durchhält, kann sich ganz der Begegnung mit einer anderen Welt hingeben. Es kann passieren, dass einem wildfremde Menschen die Hand schütteln, dass man eingeladen wird zum Tee, zum traditionellen Tschai. Nicht nur Augen und Ohren bietet sich eine Vielfalt von Reizen, sondern auch der Nase. Gewürze duften an jeder Straßenecke. In Pakistan wird anders mit diesen Waren gehandelt als bei uns in Europa. Wir kaufen für gewöhnlich wenige Gewürze, und diese in kleinen Mengen; hier gibt es eine unüberschaubare Vielzahl, und meist kauft man sie in großen Papiertüten.

Fast überall begegnet man hilfsbereiten und freundlichen Menschen, in den großen Städten genauso wie in den ländlichen Gebieten im Norden des Landes. Allein geschäftliche Aktionen sind nicht immer ganz einfach, die Verhandlungen oftmals langwierig und zäh. Für den Europäer fremd wird hier, wie überall im Orient, um jede Rupie gefeilscht. Bei den Kosten für eine Expedition oder für ein Trekking geht es dabei fast immer um harte Dollars.

Wichtig: Sollten Sie bei Ihrer Reise durch das Land in Schwierigkeiten irgendwelcher Art geraten und sollte Ihnen ein freundlicher Pakistani mit dem Ausspruch »no problem« helfend zur Hand gehen, machen Sie sich darauf gefasst, binnen kürzester Zeit die größten Probleme zu haben.

## Landesnatur

Betrachtet man den Staat Pakistan auf einer Landkarte genauer, so zeigt sich eine Region mit vielen Flüssen. Allein aus dem Punjab kommen mindestens fünf große Wasserströme. Sie alle münden in einen noch größeren Fluss, in den Indus. Er ist, gespeist von den mächtigen Gletschern im Norden, eine der Lebensadern dieses Landes. Mit einer Länge von über 3000 Kilometern durchschneidet der Fluss das Land Pakistan von Nord nach Süd. Westlich und östlich dieses Stromes findet man oft steiles, fast vegetationsloses Wüstengebirge oder während der Sommermonate heiße, staubtrockene Landstriche. Im Norden liegt die Gilgitwüste, und im Süden breiten sich zu beiden Seiten dieses Flusses die großen Wüsten von Belutschistan aus. Viele dieser Gegenden sind unfruchtbar, aber nur wenig nördlich von Rawalpindi und Islamabad haben die Pakistani ein kleines Wunder vollbracht. Wer je einmal von Pindi über die Stadt Abbottabat in den Norden gefahren ist, hat es gesehen. Hier gibt es grüne Hügel und Terrassenlandschaften, hier hat man in vielen

Rawalpindi: Nichts ist künstlich. Die Stadt wuchs über Jahrhunderte.

Jahren Bauarbeit bewässert, und hier wächst vieles von dem, was die Bevölkerung für den täglichen Bedarf benötigt: Reis, Mais, Kartoffeln, Getreide.

## Verkehrsverbindungen

Die beiden großen Städte vor dem Karakorum, Gilgit und Skardu, haben kleine Flugplätze, werden aber grundsätzlich nur bei Sicht angeflogen. Findet der Pilot die Einflugschneise oder das Wolkenloch vor seinem Zielflughafen nicht, so kann es sein, dass er kurzerhand nach Islamabad zurückfliegt. Da rund 70 Prozent aller Flüge in den Norden ausfallen, warten Touristen, Trekkinggruppen und Expeditionen oft tagelang auf den ersehnten Transfer. Wer einen festen Zeitplan einhalten muss, sollte den zeitlich sicheren Weg wählen und besser über den Karakorum Highway (KKH) in die nördlichen Regionen Pakistans fahren. Die Straße, von bunt geschmückten »Trucks«, wie man sie nur in Pakistan findet, dicht befahren, ist ohnehin ein Abenteuer und ein Erlebnis für sich.

Drückt der Monsun von Süden oder Südosten nach Pakistan und entladen die schweren Regenwolken ihr Wasser über dem Land, so gibt es manchmal für mehrere Tage keine Reisemöglichkeiten. Muren, die kritische Straßenabschnitte unpassierbar werden lassen, sind keine Seltenheit. Wir werden in der Geschichte »Dambudas – Alltag eines Expeditionsleiters« mehr darüber erfahren.

# DER KARAKORUM

*Der Indische Subkontinent: Dort (Punkt) liegt der Karakorum.*

Der gesamte Norden Pakistans ist geprägt von eisbedeckten Bergen und gewaltigen Gletscherregionen. Eines der größten und das höchste Gebirge Pakistans ist der Karakorum. Der Name bedeutet übersetzt so viel wie »schwarze Steine« oder »schwarzes Geröll«. Kein Name könnte für ein Gebirge unpassender sein als dieser, denn die schneebedeckten Berge und die langen Gletscher bilden eine wilde Landschaft von faszinierender Schönheit. Wer diese Gebirgszüge Innerasiens nie sah, kann sich auch ihre Dimensionen kaum vorstellen, auch er braucht »den Blick über den Horizont«. Absolutes Highlight inmitten dieser Landschaft ist jenes Gebiet, in dem sich der etwa 60 Kilometer lange Baltorogletscher mit den Gletschern Godwin-Austen und Vigne, Broad Peak und einem guten Dutzend anderer kleinerer Eisströme vereinigt. Es soll William Martin Conway gewesen sein, der 1892 bei seinem Vordringen in das Innere des Karakorum diesem Platz den Namen »Concordia« gab. Seine Expedition gelangte in diesen frühen Tagen bereits bis in eine Höhe von 6890 Metern und bestieg den Pioneer Peak, einen technisch unschwierigen Vorgipfel des Baltoro Kangri (7312 m). Rund um den Concordiaplatz (4600 m) stehen auf sehr engem Raum vier der höchsten Berge der Welt. Was die Landschaft Karakorum so faszinierend macht: Wer die dünne Luft verträgt, kann dieses Areal relativ unschwierig erwandern. André Roch, ein Pionier im Karakorum und im Jahre 1934 als Expeditionsbergsteiger beim ersten Besteigungsversuch des Hidden Peak dabei, besuchte noch als 84-Jähriger das Basislager am K2.

Der Karakorum ist kein eigenes Gebirge außerhalb des Himalayasystems. Günter Oskar Dyhrenfurth schreibt hierzu in seinem Standardwerk über den Himalaya, »Der dritte Pol«: »Am richtigsten, wenn auch etwas langatmig, ist: Karakorum-Himalaya. Die Trennung von eigentlichem Himalaya und Karakorum durch Shayok- und Industal geht nicht tiefer als z. B. der Gegensatz zwischen den (ostalpinen) kristallinen Zentralalpen und den (südalpinen) Dolomiten oder zwischen Berner Oberland und Walliser Alpen.« Die Karakorumkonferenz der Royal Geographical Society von 1937 regelte letztendlich das Wichtigste und unterteilte das Gebirge in einen Großen und einen Kleinen Karakorum.

Wie der Hauptkamm des Himalaya, so entsteht auch der Karakorum durch Auffaltung, hervorgerufen durch das Aufeinandertreffen der asiatischen und indischen Kontinentalplatten. Der Geologe nennt diesen Vorgang Plattentektonik, und die Entstehung des Karakorum ist noch nicht abgeschlossen. Das Gebirge wächst an einigen Stellen noch bis zu fünf Zentimeter im Jahr. Die Schichtung der Gesteine ist vielfältig und reicht von dünnen, schwarzen Schieferplatten über Dolomit bis zum Muschelkalk. Das Gebiet der Trangotürme am Baltorogletscher, das südwestlich davon gelegene Areal um den Uli Biaho Tower und das Gebiet am Ogre und die Latokgruppe über dem Biafogletscher besteht aus bestem rotgelben Granit und ist somit ein Klettergebiet ersten Ranges. Hier liegen die Ziele der jungen, extremen Generation. Die gesamte Gruppe der Gasherbrumberge besteht wiederum aus sehr brüchigem kristallinen Kalk, der in der Hand leicht zerbröselt. Diese Berggruppe allerdings strahlt durch ihren hohen kristallinen Anteil während der Abendstunden ganz besonders; sie erhielt daher von den Einheimischen den Namen »Leuchtende Wand«.

Auch wenn sich in den letzten Jahren die Stimmen einiger Spezialisten mehrten, dass der Karakorum doch ein eigener Gebirgszug sei, so hat der Beschluss von 1937 auch heute noch Gültigkeit.

Im Norden des Concordiaplatzes erhebt sich der K2, 1987 neu vermessen und nun mit 8616 Metern angegeben. Dieser Berg hat viele Namen. Man nennt ihn auch Mount Godwin-

Bild links: *Robert, Adolph und Hermann Schlagintweit (v. l.) bereisten 1856 Zentralasien. Adolph gelangte als erster Europäer in die Nähe des Baltorogletschers.*

Bild rechts: *Der K1 oder Masherbrum, 7821 Meter. Der Berg wurde bereits im Jahre 1856 von Adolph Schlagintweit erstmals in seiner Höhe bestimmt.*

ten, Chogori und Qogori. Die mehr als 3000 Meter über dem Godwin-Austen-Gletscher aufragende Pyramide aus Fels und Eis ist nur durch den 6150 Meter hohen Pass des »Windy Gap« von den drei Gipfeln des Broad Peak getrennt. Diese Scharte trägt auch den Namen »Sattel der Winde« oder »Skyang La«. Hier beginnt eine riesige, sich oft verzweigende und doch fast geschlossene, etwa 50 Kilometer lange Mauer großer Fels- und Eisberge. Sie reicht über die Broad-Peak-Gipfel (höchster Punkt 8047 m) und den Gasherbrum II (8035 m) hinweg bis zum Hidden Peak (auch Gasherbrum I, 8068 m). Gleichzeitig bildet diese Mauer die natürliche Grenze zum chinesischen Sinkiang.

## Besteigungsgeschichte

Die vier größten Karakorumberge wurden alle in der Zeit zwischen 1954 und 1958 zum ersten Mal bestiegen, und alle Erstbesteigungen gelangen von der pakistanischen Seite. Bis zum Jahr 1982 blieben diese höchsten Eisgipfel von der chinesischen Nordseite unberührt.

## K2 – Der schwierigste Achttausender

Am K2 gelang die erste Besteigung eines Achttausenders im Karakorum. Es war die vierte Besteigung eines Berges über der letzten magischen Höhe, und dieser Achttausender gilt heute noch als der schwierigste.

Die Erschließungschronik dieses Berges liest sich wie ein spannender Abenteuerroman. Im Jahre 1856 gelangte der Münchener Forschungsreisende Adolph Schlagintweit als erster Europäer, von dem wir es heute mit Gewissheit sagen können, bei der Siedlung Askole und bei Korofon am Biafogletscher in die Nähe des Baltorogletschers. Er hat ihn allerdings nie betreten, wie oft falsch geschlossen wurde, sondern er folgte dem Mustaghgletscher (heute Panmah) zum Westlichen Mustaghpass, den er am 22. August erreichte. Die Höhe des Masherbrum, den Schlagintweit zu jener Zeit zusammen mit dem Nanga Parbat für den höchsten Berg Baltistans hielt, hatte er einen Monat zuvor aus einem anderen Tal, nämlich von Hushe, vermessen. Schlagintweits Ergebnis von 7811 Metern hat heute keine Gültigkeit mehr. Die indische Landvermessung bestimmte den Berg zehn Meter höher. Auch wenn Adolph Schlagintweit nicht bis an die Basis des K2 gelangte, den man zu jener Zeit noch Dapsang (Großer Stein) nannte, so muss sein Weg ins Innere des Karakorum eine der großartigsten Hochgebirgsreisen in der Geschichte der Menschheit gewesen sein. Und es war der erste Schritt für die modernen Expeditionen unserer Zeit.

Schlagintweits Brüder Hermann und Robert sahen den K2 auf ihrer Reise nach Turkestan nicht nur, sie versuchten bei ihrer Wanderung über

Der K2 von Norden (China). Francis Younghusband sah ihn von dieser Seite als erster Europäer.

das Dapsang-Plateau am 7. August 1856 auch seine Höhe zu bestimmen. Der K2 liegt vom Dapsang-Plateau nur wenig mehr als 120 Kilometer Luftlinie entfernt. Sie hatten kein Glück, vorüberziehende Wolken ließen eine exakte Messung nicht zu.

Im gleichen Jahr benutzte T. G. Montgomery, Vermessungsoffizier des britischen Survey of India, bei der kartographischen Erfassung des Gebietes zum ersten Mal den Namen K2 für jenen Berg, den das einheimische Volk der Balti noch immer »Chogori« (Großer Berg) nennt. Aus 188 Kilometer Entfernung, vom Gipfel des Mount Haramukh in Kaschmir, sah er im Gegenlicht die Kette des Karakorum. Montgomery skizzierte und nummerierte diese Zacken der Reihe nach. Dabei begann er westlich des Chogori, am Masherbrum (7821 Meter), und nannte ihn »K1«. Bis 1858 wurde die Kette von G. Shelverton zum ersten Mal in ihrer Höhe vermessen. Erst dabei stellte sich heraus, dass der K2 mit 8611 Metern der zweithöchste Berg der Welt ist. Seine Zwei hinter dem K trägt der Chogori also nicht als zweithöchster Berg der Erde, sondern eher zufällig und weil T. G. Montgomery es so wollte.

Francis Younghusband als junger Dragonerhauptmann.

Shelverton war mit seiner Messung recht genau. Heute wird die Höhe des K2 mit 8616 Metern angegeben.

Der erste Europäer, der sich dem »Berg der Berge« – es war im Jahre 1887 – von Norden näherte und ihn beschrieb, war Francis Younghusband, ein in Indien geborener Brite: »Wir hatten gerade eine Biegung verlassen, hinter der sich ein Gipfel von erschreckender Größe befand, der nichts anderes sein konnte, als der K2. Aus dieser Richtung gesehen schien er wie ein nahezu perfekter Kegel aufzuragen, allerdings unvorstellbar hoch. Wir waren ziemlich nahe darunter, und hier auf der Nordseite, wo er von Gletschern umhüllt wird, war das Eis sicher 4200 bis 5400 Meter hoch.«

Zu Beginn des 20. Jahrhunderts gab es erste zaghafte Besteigungsversuche: 1902 tastete sich eine internationale

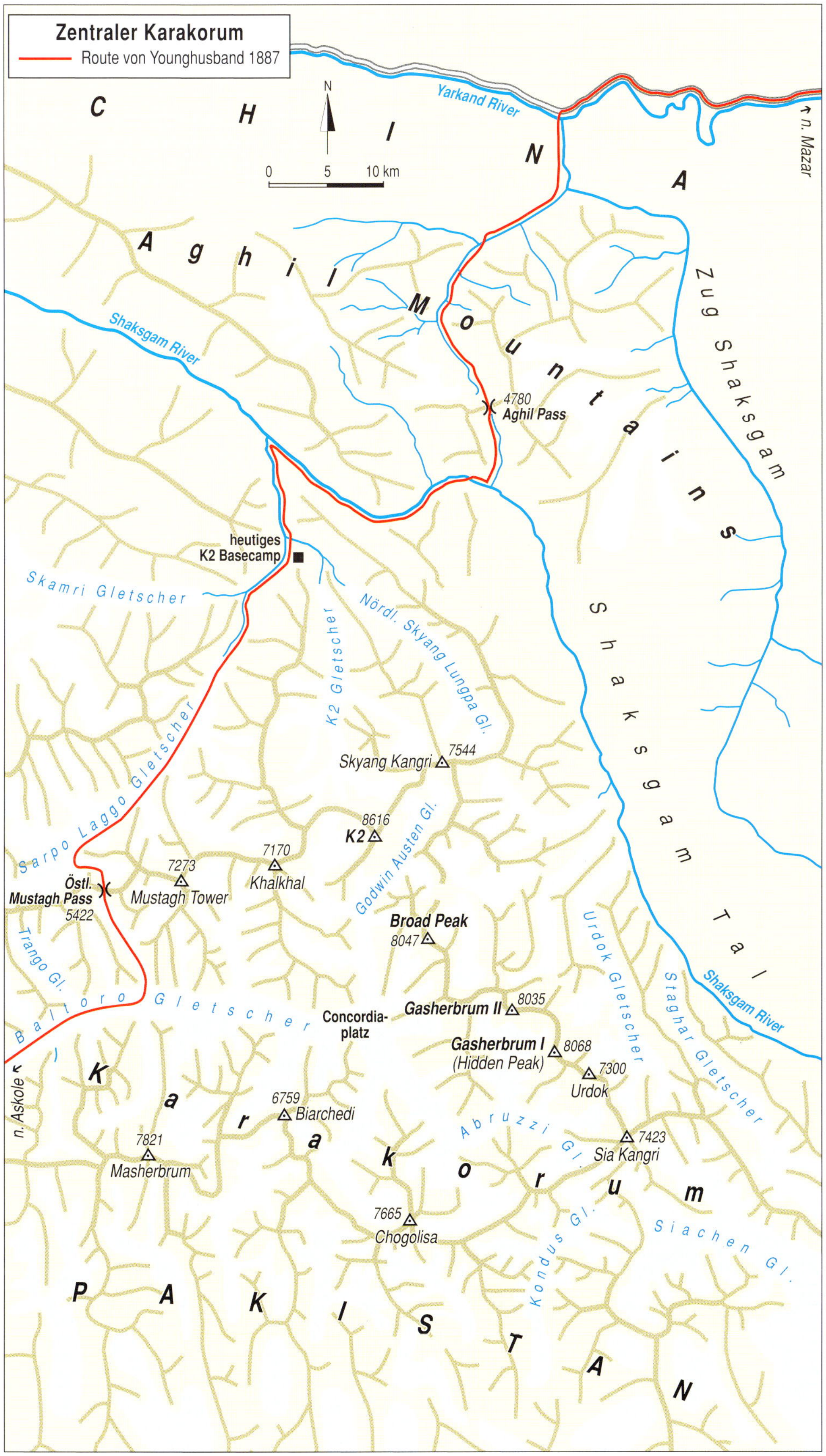

Bild oben:
*Der K2, 8611 Meter vom Broad Peak. Rechts im Profil die Nordkante.*

Bild links:
*Erkundete die Nordseite des Karakorum 1937: Eric Shipton.*

Expedition, geleitet von Oscar Eckenstein, zum K2 vor. Die Alpinisten hielten den Berg zunächst für leicht, später für unersteigbar.

1909 fand Luigi Amedo di Savoia, der Herzog der Abruzzen, die heutige Normalroute an der Südostseite. Die Bergsteiger gaben dieser Route den

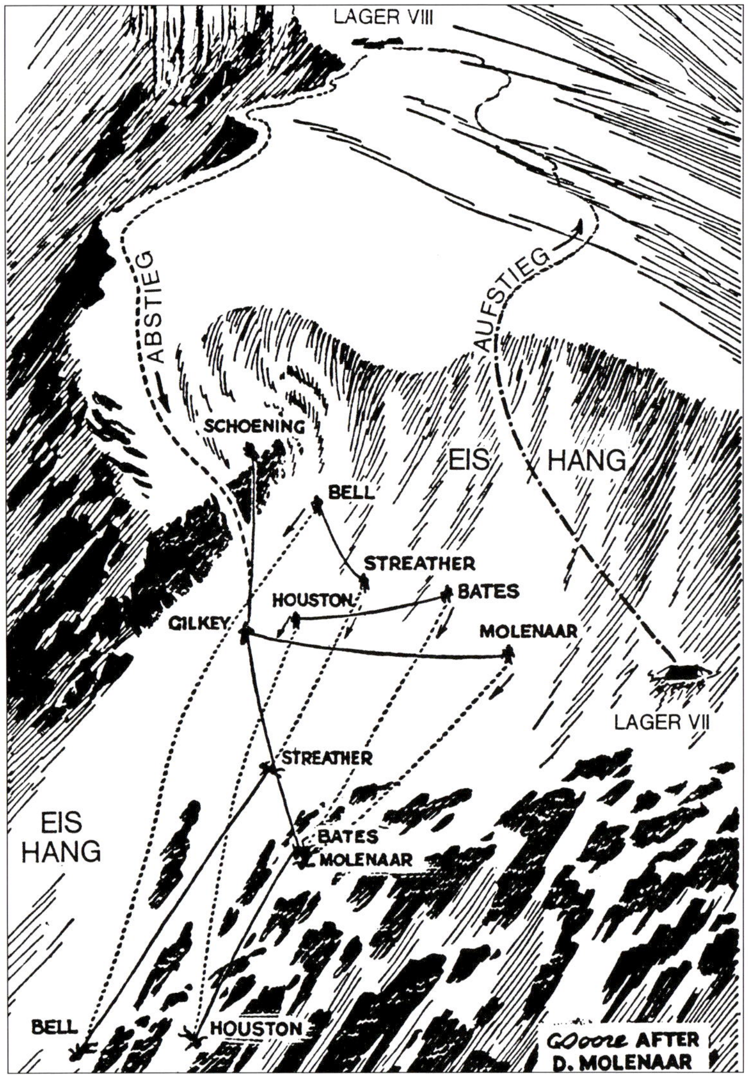

Bild oben: *Der Massensturz von 1953 aus:* Houston & Bates, *K2 – Der wilde Berg,* Carta Verlag, Pforzheim.

Bild rechts: *K2-Grußkarte von 1954,* Foto: Cirillo Floreanini.

Namen »Abruzzensporn«. Wie Eckenstein sieben Jahre vorher, so zweifelte auch di Savoia: »Man kann nicht hoffen, einen derart langen und furchtbaren Anstieg ans Ziel zu führen, wenn man schon bei den ersten Schritten solche Schwierigkeiten antrifft. Der K2 wird wohl nie bestiegen werden.«

Die Expedition erreichte etwa 6000 Meter Höhe. Ein Teilnehmer war Vittorio Sella. Mit einer Plattenkamera gelangen dem »Vater der Bergfotografie« einzigartige Aufnahmen. Sie zählen noch heute zu den besten Schwarzweißfotografien aus diesem Gebiet.

Nach einer Pause von zwanzig Jahren erkundeten Italiener im Jahre 1929 noch einmal das Gebiet am und um den K2, jetzt von Norden wie seinerzeit Younghusband, aus dem Shaksgamtal im heutigen Sinkiang. Auf dieser Seite nennen die Menschen den Berg »Qogori«. Es bedeutet in der Sprache der Kirgisen so viel wie »prächtiger Berg«. Acht Jahre danach, 1937, war der Engländer Eric Shipton mit seinem Partner Tilman und einer kleinen Expedition auf der gleichen Seite und führte wissenschaftliche und kartographische Arbeiten durch.

Die gewaltige Pyramide des K2 verlor nach und nach ihre zahlreichen Geheimnisse. Wir werden später, wenn es zur »unbekannten Seite« des Karakorum geht, sehr viel mehr über diese und über Younghusbands Nord-Expeditionen erfahren.

1938 waren es Amerikaner, die einen ernsthaften Besteigungsversuch am Abruzzensporn unternahmen. Mit sieben Hochlagern erreichten sie 7925 Meter. Ein Jahr darauf gelang dem in Dresden geborenen Fritz Wiessner um ein Haar der Gipfel. Gemeinsam mit seinem nepalesischen Begleiter Pasang Dawa Lama stieg er bis in eine Höhe von 8382 Metern! Fritz Wiessner war bereit, viel zu riskieren: Bei Nacht wollte er den Aufstieg zum »Berg der Berge« versuchen und mit Hilfe des Mondlichts absteigen – doch sein Begleiter fürchtete böse Geister am K2 und drängte mit »no Sahib, tomorrow« zum Abstieg. Zu müde für einen neuen Gipfelversuch am nächsten Tag

gelang es Pete Schoening, dem späteren Erstbesteiger des Hidden Peak (8068 m), den Sturz einer ganzen Mannschaft zu bremsen.

Expeditionsteilnehmer war Robert Bates. Er schildert das Unglück: »Ich konnte nicht beobachten, wie Bell stürzte, sah jedoch zu meinem Entsetzen, dass Straether aus dem Hang gerissen wurde. Beinahe im gleichen Augenblick wurde Houston mitgerissen. Obwohl ich mich herumwarf und meinen Pickel mit aller Macht ins Eis trieb, riss auch mich ein Ruck aus der Wand und warf mich, Kopf voraus, rückwärts den Hang hinunter. ›Das war es!‹, dachte ich. Der Hang unter uns war blank. Es schien, als ob man von einem schräg geneigten Empire State Building, das sechsmal so hoch war wie in Wirklichkeit, fallen würde. Plötzlich, wie durch ein Wunder, wurde ich gestoppt«.

*Lino Lacedelli 1954 in etwa 7000 Meter Höhe.*
Foto: Archiv Lacedelli

ging wertvolle Zeit verloren. Zwei Tage später kehrten die Männer endgültig um. Die Expedition endete mit einer Katastrophe. Dudley Wolfe starb höhenkrank im Lager 7, drei Träger blieben zwischen Lager 6 und Lager 7 verschollen. Der Berg hatte seine ersten Opfer gefordert.

Die Abstände zwischen den K2-Unternehmungen blieben groß. Vierzehn Jahre später, 1953, scheiterte ein weiterer amerikanischer Anlauf zum zweithöchsten Berg der Welt. Wieder gab es einen Toten. Beim Versuch, den schwer kranken Bergsteiger Art Gilkey im Firn aus großer Höhe ins Basislager zu retten, ereignete sich in weit über 7000 Meter Höhe ein Massensturz, der um ein Haar das Ende aller Beteiligten gewesen wäre. Wie durch ein Wunder

Robert Bates riss Dee Molenaar mit in die Tiefe, zum Glück, denn in seinem Seil verhedderten sich letztendlich alle. Molenaars Seil führte zum kranken Gilkey, und der wiederum war von Pete Schoening fixiert. Der schwer kranke Gilkey überlebte trotzdem nicht. Im Chaos nach dem Massensturz riss ihn eine Lawine in die Tiefe. Es blieb keine Spur zurück, selbst die beiden Eispickel, die Gilkey fixiert hatten, waren verschwunden. Robert Bates: »Es war, als ob ihn die Hand Gottes weggefegt hätte.«

## Erfolg am Abruzzensporn

Im Jahr darauf gelang einer italienischen Expedition die Erstbesteigung des K2. Gemessen an der Zeit, den Umständen, der Ausrüstung und am Wissen um den Berg war diese erste Besteigung des schwierigsten Achttausenders eine Glanzleistung. Expeditionsleiter war Ardito Desio. Er war schon bei der Erkundung im Jahre 1929 mit dabei gewesen und kannte das Gebiet zu dieser Zeit wie kein anderer. Der Erfolg am Berg war selbst für die Teilnehmer eine große Überraschung. Wochenlang arbeiteten die Teilnehmer der Expedition in gemeinsamer Anstrengung am Abruzzensporn, schoben die Lager immer höher hinauf. Von 66 Tagen herrschte an 46 schlechtes Wetter. Mario Puchoz starb an Lungenentzündung. Es war ein kalter, unfreundlicher Sommer. Und trotzdem: Am 31. Juli 1954 gelang zwei Männern einer großen Mannschaft der

Bild oben:
*Die Erstbesteiger des K2: Achille Compagnoni (l.) und Lino Lacedelli.*

Bild rechts:
*Lacedelli auf dem Gipfel.*

Aufstieg zum Gipfel. Lino Lacedelli und Achille Compagnoni waren die Glücklichen. Es war klassisches Expeditionsbergsteigen mit Hochträgern und mit Sauerstoff aus der Flasche, und es war ein Erfolg aller. Lino Lacedelli sagte mir 40 Jahre danach bei einem Treffen in Cortina d'Ampezzo: »Bei den Himalayaexpeditionen unserer Zeit war es wie beim Fußball. Nicht der Torschütze gewann, sondern die Mannschaft«; und über die Erstbesteigung des K2: »Es war der größte Tag in meinem Leben!«

Gegen 19 Uhr erreichten Lacedelli und Compagnoni den Gipfel. Dort war es an diesem Tag kalt, windig und sehr klar. Nur 2500 Meter tiefer lag eine dünne Wolkenschicht. Die Männer sahen von der höchsten Wölbung des K2 auf ein Meer von Gipfeln. Der zweithöchste Berg der Welt und der schwierigste Achttausender war bestiegen, Italiens große, nationale Expedition von Erfolg gekrönt. Lino Lacedelli erinnerte sich 40 Jahre danach an diesen Moment so: »Wir hatten einen Augenblick der Befriedigung – aber nicht die große Erleichterung. Dort oben ist es nicht wie bei uns zu Hause in den Dolomiten, wo man nach einer Tour tief durchatmen kann. Unsere ganze Besorgnis galt dem schwierigen Abstieg.«

Über den Weg nach unten wusste Lino Lacedelli bei unserem Treffen in Cortina d'Ampezzo noch allerlei – zumindest aus heutiger Sicht – Amüsantes zu erzählen. Beim Abstieg, so erzählte er uns, gab es viele Probleme. Der Wind hatte die Spur verblasen, und er und Compagnoni hatten Schwierigkeiten mit der Orientierung. Compagnoni wollte nach links – aber er sei sicher gewesen, dass es nach rechts geht. Da habe er zu seinem Partner gesagt: »Wenn du nach links gehst, dann geb ich dir was mit dem Pickel!«

Dann, so Lacedelli, sei Compagnoni gestürzt. Ganz instinktiv hätte er, Lacedelli, sich gerade noch rechtzeitig hingehockt und den Eispickel eingerammt. Nur so hatte er den Sturz halten können. Hätte er es mit der Hand versucht, dann würde er »wohl noch heute runterlaufen, um Compagnoni aufzuhalten«. Leider hat sich Lino Lacedelli am K2 Finger und Daumen erfroren. Er wurde vom Expeditionsarzt im Basislager behandelt. Es seien Höllenschmerzen gewesen, er habe sich heftig gewehrt, die Freunde mussten ihn festbinden. Nachts begriff er gar nichts mehr. Einmal habe er den Arzt morgens gefragt: »Was hast du denn da am Arm?« Und der hat geantwortet: »Da hast du mich gebissen!« Das sei Lacedelli außerordentlich peinlich gewesen – aber er konnte sich an gar nichts mehr erinnern.

## Eroberungsstil

Ganz anders als heutige Expeditionen waren Expeditionsleiter Ardito Desio und seine Gruppe namhafter Bergsteiger im Jahre 1954 anmarschiert. Eine Armee von rund 600 Trägern hatte die 14-köpfige Mannschaft begleitet. Heute geht eine gut organisierte, sechsköpfige Expedition mit höchstens 70 Trägern. Der eigentlichen Erstbesteigung des K2 war ein 220 Kilometer langer Fußmarsch vorausgegangen. Von Skardu am Indus über die Balti-Dörfer Shigar, Dassu und Askole zum rund 60 Kilometer langen Baltorogletscher, und von dort durch wildeste Landschaft weiter zum Concordiaplatz und über den Godwin-Austen-Gletscher zum Fuß des Berges. Auch das ist heute anders. Seit einigen Jahren führt eine staubige Straße bis weit in dieses Gebiet hinein. Die letzte Siedlung vor den gewaltigen Eisregionen des Baltoro, Askole, rund 3000 Meter hoch gelegen, ist heute gewöhnlich mit dem Jeep von Skardu an einem Tag erreichbar. Und war die Expedition der Italiener 1954 weit und breit die einzige in der ganzen Region, so treffen sich heute am Fuße des K2, des Broad Peak, des Gasherbrum II und des Hidden Peak in den Basislagern in den Sommermonaten eine Vielzahl von Gruppen, und oftmals trifft man sogar alte Bekannte aus aller Welt. 30 oder 40 Expeditionen, kommerziell und individuell, besuchen dieses Gebiet in jeder Saison. Und während den Bergsteigern der Neuzeit jeder Gletscher, jede Biegung und jede Flussüberquerung zumindest aus der Literatur bekannt ist, mussten Ardito Desio und Riccardo Cassin, der Erstbegeher des Walkerpfeilers an den Grandes Jorasses und der Badile-Nordostwand, den »Weg« bis zum Fuß des Berges und die bestmögliche Aufstiegsroute ein Jahr davor erst erkunden; und das taten sie peinlich genau. In den vergangenen fast 50 Jahren ist vieles anders und vieles leichter geworden.

Wären Lino Lacedelli und Achille Compagnoni deutsche Bergsteiger gewesen, so würden sie damals vielleicht dem Silbersattel am Nanga Parbat entgegen gesteigen sein, und wäre ihre Wiege in England gestanden, so wären sie möglicherweise auf dem Weg zum Mount Everest gewesen. Doch der »Kappa due« war zu jener Zeit der »italienische Berg«, so wie der Nanga Parbat viele Jahre der »Berg der Deutschen« und der Mount Everest das Ziel vieler Expeditionen britischer Bergsteiger war. Expeditionen zu den höchsten Bergen der Welt waren vor 40 oder mehr Jahren noch nationale Unternehmungen, es ging um das Prestige, und man stieg für sein Land auf einen Achttausender. Das Dabeisein war eine Ehre, die Finanzierung war gesichert, und die Elite des Landes war bereit, sich für die Sache zu zerreißen. Es war eine nationale Aufgabe, Teilnehmer aus anderen Ländern waren eine Seltenheit. Vielleicht ist aus heutiger Sicht nur so jener Preis zu verstehen, den Alpinisten für die erste Ersteigung eines der Achttausender zu zahlen bereit waren, egal ob Briten am Mount Everest, Deutsche am Nanga Parbat oder Italiener am K2. Für viele ist das heute unverständlich, doch damals war es so.

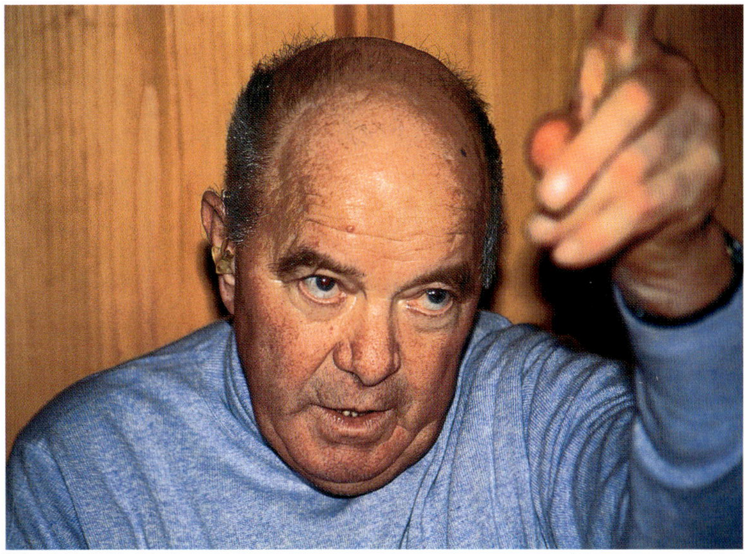

*Humorvoller Erzähler: Lino Lacedelli im Jahre 1994.*

Der zweite Gipfelerfolg lässt 24 Jahre auf sich warten. Doch da wird der K2 nicht im herkömmlich-bergsteigerischen Sinn bestiegen – einer japanischen Expedition mit 52 Mitgliedern, 1500 Trägern und einem gigantischen Materialaufwand gelingt es, den Berg förmlich zu unterwerfen. Die dritte Besteigung gelingt Amerikanern im Jahre 1978. Es ist die sechste US-Expedition zum K2, und die Bergsteiger klettern teilweise auf einer neuen Route. Sie folgen dem Nordostsporn bis 7700 Meter und traversieren dann zur Normalroute. Vier Teilnehmer die-

Abbildung auf der folgenden Seite: *Noch immer der schwierigste Achttausender der Erde: der K2, 8616 Meter. Links der Angelus, 6805 Meter.*

ser Expedition stehen auf dem höchsten Punkt des K2.

Die vierte Besteigung gelingt 1979. Der Südtiroler Reinhold Messner erreicht zusammen mit dem ersten Deutschen, Michl Dacher, den Gipfel. Ein Träger stirbt bei einem Spaltensturz. Die von Messner entdeckte »Magic Line« am Südsüdwestgrat wird daraufhin aufgegeben, das Duo Messner/Dacher klettert über den Abruzzensporn.

Bis 1985 gelingen noch drei Besteigungen, neue Routen werden gefunden. Japanern gelingt 1981 die erste Besteigung über den Westgrat und 1982 die erste Besteigung von Norden. Italiener sind ein Jahr später ebenfalls von Norden erfolgreich. Während der Mount Everest, der höchste Berg der Welt, im Jahre 1980 bereits einhundert Mal bestiegen ist, bleiben die Erfolge am K2 eher spärlich. Trotz der neu gefundenen Anstiege bleibt er der schwierigste Achttausender der Welt. Und er wird nie zur Showbühne, er wird nie zum Reklameberg. Dafür sind seine Grate und Kanten viel zu ernst. Einer der wenigen Fälle, in denen der K2 Schlagzeilen macht: Im Sommer 1979 startet Jean Marc Boivin mit einem Deltasegler von der Schulter des K2 und schwebt, bewundert von vielen Baltiträgern, hinunter zum Baltorogletscher.

## Jahr der Tragödien

Dann kommt der Sommer 1986. Es wird das Jahr der Tragödien und der Triumphe. In keiner Saison zuvor konnten so viele Bergsteiger den Gipfel des K2 erreichen. 27 Alpinisten und Alpinistinnen aus insgesamt zehn Nationen stehen auf dem zweithöchsten Berg der Erde. Die ersten Frauen auf dem K2 sind Wanda Rutkiewicz, Liliane Barrard und Julie Tullis. Aber es gibt so viele Tote wie noch nie. Der »schwarze Sommer« beginnt am 21. Juni, morgens um 5.30 Uhr. Beim Aufstieg zur »Magic Line« begräbt eine riesige Lawine die Amerikaner John Smolich und Al Pennington. Drei Tage später stürzt Liliane Barrard aus Frankreich am Abruzzensporn tödlich ab, ihr Mann Maurice bleibt nach dem gemeinsamen Gipfelerfolg verschollen. Am 10. Juli geschieht das nächste Unglück. Der Pole Tadeusz Piotrowski, der mit dem Weltklassemann Jerzy Kukuczka auf einer neuen Route durch das so genannte Sichelcouloir und eine steile, äußerst schwierige Felswand auf den K2 gestiegen war, verliert beim Abstieg über den Abruzzensporn seine Steigeisen und fällt 2000 Meter in die Tiefe. Italiens Spitzenbergsteiger Renato Casarotto stürzt sechs Tage darauf bei seinem Abstieg in Sichtweite des Basislagers in eine Gletscherspalte und stirbt, nachdem er seinen Alleingang über den SSW-Grat bereits abgebrochen hatte. Wojciech Wroz, wieder ein Pole, stürzt Anfang August beim Abstieg vom Gipfel in die Tiefe, als er bei Nacht das Ende eines Fixseils nicht bemerkt. Einen Tag darauf wird der pakistanische Hochträger Mohammed Ali von einem herabfallenden Stein unterhalb von Lager 1 tödlich getroffen. Julie Tullis, als erste englische Frau auf dem Gipfel des K2, stirbt nach einem Absturz im Gipfelbereich und einem Biwak auf 8300 Meter später im Lager 4 auf 8000 Meter. Hier vollzieht sich auch die größte Tragödie in der Geschichte dieses Berges, als drei weitere Alpinisten, Hannes Wieser und Alfred Imitzer aus Österreich und Alan Rouse aus England, von tagelangen Stürmen in den Zelten eingeschlossen, den langsamen Höhentod sterben. Allein den Österreichern Kurt Diemberger und Willi Bauer, die beide mehr als zehn Tage ohne zusätzlichen Sauerstoff in einer Höhe von etwa 8000 Metern aushalten, gelingt in einem Augenblick der Wetterbesserung zusammen mit der starken Polin »Mrowka« Dobroslawa Wolf der »Ausbruch« und der Abstieg vom Lager 4. Doch Mrowka kommt nie im Basislager an. Sie stirbt an den Fixseilen auf etwa 7000 Meter und wird ein Jahr später gefunden. Kurt Diemberger und Willi Bauer gelingt es, das Lager am Fuß des Berges zu erreichen – jedem aus eigener Kraft und weite Strecken vollkommen unabhängig voneinander. Kurt Diemberger dazu: »Nur dem, der zum Ende der Tragödie noch selbst in der Lage war, seine Hände, seine Füße und seinen Verstand zu benutzen, gelang in jenen dramatischen Tagen der Abstieg vom K2.«

Von 1987 bis zum Sommer 1990 steht niemand auf dem Gipfel des K2. Erst dann gelingt wieder ein Aufstieg über die Nordroute. Schlechte Verhältnisse, schlechtes Wetter und größere Vorsicht am Berg mögen die Gründe für die lange Pause gewesen sein. Die K2-Aspiranten hatten aus den Ereignissen von 1986 gelernt. Weltklassebergsteiger scheitern, auch das ganz sicher ein Zeichen dafür, wie schwierig und gefährlich der Berg wirklich und wie unzuverlässig das Wetter in dieser Region ist.

## Neuer Expeditionsstil

Das herausragende Ereignis der Saison 1991 ist der Aufstieg von Pierre Beghin und Christophe Profit. Im reinen Alpinstil kletternd, verbinden sie mehrere Führen miteinander und gelangen auf einer beinahe spiralförmigen Route zum Gipfel des K2.

Erst 1992, sechs Jahre nach dem Katastrophensommer, gelingt es einer russisch-amerikanischen Expedition, den Abruzzensporn zu durchsteigen. Die Mannschaft, auf verschiedenen Wegen angereist, scheitert beinahe an der Expeditionsbürokratie Pakistans. Während der russische Teil des Teams von Norden kommend in Skardu wartet, landen die amerikanischen Teilnehmer mit dem Flugzeug auf dem Airport von Islamabad. Die »Rules and Regulations« der Regierung Pakistans gestatten Expeditionen jedoch ausdrücklich nur die gemeinsame Anreise ...

In den Jahren seit 1986 sind neben den Gipfelversuchen auch andere Aktionen am und um den K2 gelaufen. Das Umweltbewusstsein der Alpinisten und der Verantwortlichen in Pakistan ist gewachsen, ebenso das Gefühl für Sicherheit am Berg. Jahrzehntealte, oft beschädigte Fixseile entlang des Abruzzensporns wurden von einer Expedition unter dem Namen »Free K2« restlos entfernt. Die Gruppe setzte sich aus Italienern, Franzosen und Deutschen zusammen. Roberto Mantovani dazu in seinem Buch »K2 – Una sfida ai confini del cielo«, in Deutsch als »K2 – Die große Herausforderung« erschienen: »Drei Wochen Schwerstarbeit waren nötig, um den

Der Gasherbrum II, 8035 Meter, mit dem vorgelagerten Südlichen Gasherbrum-Gletscher.

Abruzzengrat von 7000 Meter abwärts von all dem angesammelten Material zu befreien: bündelweise Fixseile, Zelte, Sauerstoffflaschen und Abfall.«

Einer der Hauptdarsteller in der Geschichte des K2 der letzten Jahre heißt Hans Kammerlander. Sein erster Versuch datiert aus dem Jahr 1994; in jenem Jahr sollte der K2 nach einer gelungenen Broad-Peak-Besteigung sein zehnter Achttausender werden. Doch Pakistans Bürokraten anullierten Kammerlanders Besteigungsgenehmigung. Zu jener Zeit war es nach den Expeditionsbestimmungen Pakistans nicht erlaubt, dass ein Alpinist in einer Saison mehrere Achttausender besteigt. Vier Jahre später erfolgte sein zweiter Anlauf, der eigentlich keiner war: Bei seiner Expedition zum Kangchenzönga (8586 m) kurz zuvor zog er sich Erfrierungen an den Füßen zu und verzichtete auf den nachfolgenden K2, der damals zusammen mit dem Manaslu (8163 m) eine Achttausendertrilogie bilden sollte. Möglicherweise wäre er allerdings in jenem Sommer wegen des Kashmirkonfliktes ohnehin nicht einmal in die Nähe des Berges gelangt. Im Sommer 1999 gelangte er am Abruzzensporn bis 160 Meter unter den Gipfel – und kehrte um! Die Verhältnisse am Berg waren extrem schlecht, der Schnee viel zu tief. Andere wühlten weiter, jedoch ohne Erfolg. In den Jahren 1998 und 1999 blieb der K2 unbestiegen – nicht nur von Hans Kammerlander. Im Mai 2000 ist er zu einem erneuten Anlauf gestartet. Doch auch dieser Versuch schlug fehl. 21 Tage anhaltend schlechtes Wetter zwangen zum Abbruch der Expedition.

Großes Bild:
*Der Hidden Peak, 8068 Meter vom Basislager.*

Kleines Bild:
*Fritz Moravec etwa zur Zeit der Gasherbrum-Erstbesteigung 1956.*

# *Die »kleinen« Achttausender*

## Gasherbrum II

Zwei Jahre nach der ersten Besteigung des K2 im Juli 1956 konnten Bergsteiger erstmals den Gipfel des Gasherbrum II (K4, 8035 Meter) betreten. Die Einheimischen vom Stamme der Balti nennen das ganze Gasherbrum-Massiv »leuchtende Wand«. Das Unternehmen wurde von Fritz Moravec aus Wien geleitet. Sein Team bestand aus acht Teilnehmern: Erich Gattinger (Geologe), Georg Weiler (Expeditionsarzt), Sepp Larch, Hans Ratay, Richard Reinagel, Heinrich Roiss und Hans Willenpart. Die Expedition verlor durch eine riesige Lawine einen Großteil ihrer Ausrüstung im Lager 1 (6000 Meter) und musste danach improvisieren. Vielleicht brachte dieser Umstand den Erfolg. Keiner der Bergsteiger benutzte Flaschensauerstoff, und es gab keine Fixseile am Berg, doch gingen Hochträger bis zum Lager 3 am Südwestsporn in 7000 Meter Höhe. Am 7. Juli standen Fritz Moravec, Sepp Larch und Hans Willenpart nach einem Biwak in 7400 Meter auf dem Gipfel. Es war die zehnte Erstbesteigung eines Achttausenders, die dritte durch österreichische Alpinisten. Fritz Moravec, als Himalayabergsteiger nie ein Star, war stets ein umsichtiger Expeditionsleiter. Seine Einstellung blieb über Jahrzehnte betont klassisch. »Die Aufgabe eines Expeditionsleiters ist es, die Organisation gut abzuwickeln, alle Teilnehmer gesund heimzubringen und vor allem natürlich, ein gutes Klima in der Mannschaft zu schaffen. Gipfel oder persönliche Erfolge waren mir als Expeditionsleiter niemals wichtig«, sagte mir Fritz Moravec bei unserem letzten Treffen in Wien. Er starb 1997 im Alter von 75 Jahren.

## Hidden Peak

Wie viele seiner Nachbarn trägt auch der höchste Gipfel der Gasherbrum-Gruppe eine Montgomery-Bezeichnung. Der nämlich nannte ihn bei seiner Skizzierung des Gebirges K5. Westlichen Alpinisten ist der Name Hidden Peak besser bekannt. Mit seiner ersten Besteigung ging im Karakorum im Sommer 1958 ein Stück Erschließungsgeschichte zu Ende. Sein Gipfel war der letzte ganz große Unbestiegene im weiten Rund zwischen K2 und Chogolisa. Am 5. Juli 1958 steckten die Amerikaner Andrew J. Kauffman und Peter K. Schoening ihre Eispickel in den Schnee auf dem Gipfel dieses Achttausenders (8068 Meter).

Italiener, Österreicher und Amerikaner teilten sich die Erfolge bei den Erstbesteigungen der Karakorumriesen. Heute erscheint der Hidden Peak gegenüber seinen großen Nachbarn immer ein wenig blass. Während der deutlich höhere K2 (8616 m), der »Berg der Berge«, jeden Sommer ein Stück neue Alpingeschichte schreibt, der Gasherbrum II (8035 m) durch seine einzigartige Gipfelpyramide besticht und der Broad Peak (8047 m) eine wunderbare Ersteigungsgeschichte zu erzählen hat, blieb der »versteckte Berg« immer so etwas wie »zweite Garnitur«. Ein Achttausender ohne Sensationen? Sicher – aber auch ein Berg der großen Leistungen. Schon 1934 von der Internationalen Himalaya-Expedition (IHE) unter der Leitung von Günter Oskar Dyhrenfurth erkundet, erwachte dieser Berg recht früh aus seinem Dornröschenschlaf. »Bergvagabund« Hans Ertl, Erstbegeher der Nordwände von Ortler und Königsspitze, kam zusammen mit André Roch bis 6400 Meter. Der von ihnen gewählte Anstieg von Südosten trägt heute noch den Namen IHE-Sporn. Frankreichs erste Expedition zu den Bergen des Karakorum – und des Himalaya – versuchte sich unter der Leitung von Henry de Segogne 1936 an der Südseite des Hidden Peak, jedoch ohne größeren Erfolg.

Der Hidden Peak von Nordwesten. Durch diese Wand kletterten Messner und Habeler im Sommer 1975. Es war der erste Alpinstil an einem Achttausender.

Die Route über den IHE-Sporn vollendeten die Amerikaner Schoening und Kauffman bei ihrer ersten Besteigung. Nick Chlinch und Pete Schoening hatten das Unternehmen geleitet und das Kunststück fertig gebracht, in den Staaten 25 000 Dollar Sponsorengelder aufzutreiben. Für damalige Verhältnisse war das eine ungewöhnlich hohe Summe. Amerikas Elite reiste rund 20 000 Kilometer an, benutzte am Sporn kurze Ski und Schneeschuhe und während der Gipfelbesteigung an diesem »kleinen« Achttausender ab 7100 Meter auch Sauerstoff aus der Flasche. Das Rennen um Ruhm und Ehre ging seinem Ende entgegen, und die Amerikaner, fünf Jahre zuvor am K2 abgeblitzt, wollten den Erfolg.

Schon die zweite Besteigung dieses Berges revolutionierte die Art, im Karakorum und im Himalaya auf Gipfel

*Der Broad Peak, 8047 Meter, von seiner Westseite.*

zu steigen. Vielleicht verleiht diese Tatsache dem Berg etwas Außergewöhnliches: Mit nur wenigen Trägern und minimaler Ausrüstung erreichten der Zillertaler Peter Habeler und Reinhold Messner den Fuß des Berges und stiegen innerhalb weniger Tage erstmals als eine Zweimannexpedition und im Stil einer Alpentour auf einen Achttausender: ohne Lagerkette, ohne Hochträger und ohne Flaschensauerstoff. Dazu seilfrei im Auf- und Abstieg über eine neue Route durch die NW-Wand. Es war der 10. August 1975. Neun Jahre später gelingt es Messner, diese Leistung noch zu steigern. Zusammen mit Hans Kammerlander überschreitet er den Gasherbrum II (8035 m) und den Hidden Peak in einem Zug, ohne zwischenzeitlich ins Basislager abzusteigen. Es war die erste Traversierung von zwei Achttausendern in einem Stück. Die Südtiroler hatten zuvor an keiner Stelle ihrer

Route Depots angelegt; diese Leistung wurde 1996 durch J. C. Lafaille in 72 Stunden wiederholt.

Spätestens seit 1992 ist auch der Hidden Peak Ziel kommerzieller Veranstalter aus aller Welt. Die Zahl der Unfälle hat sich dort – wie an fast allen großen Bergen im Himalaya und Karakorum – drastisch erhöht. Die Statistiken des Ministry of Tourism in Pakistan belegen diese Tatsache deutlich.

Neuland gibt es allerdings noch auf der anderen Seite dieses Berges. Vom Urdokgletscher auf der menschenleeren Chinaseite des Karakorum ist der Gipfel unbestiegen.

## Broad Peak

Im Sommer 1957 waren österreichische Alpinisten aus Innsbruck und Salzburg am Broad Peak (8047 Meter) erfolgreich. Ihre Erstbesteigung bleibt ein unverrückbarer Meilenstein in der Geschichte des Expeditionsbergsteigens. Damals gelang es erstmals, den Gipfel eines Achttausenders ohne die Hilfe von Flaschensauerstoff und ohne die Hilfe einheimischer Hochträger zu besteigen. Populärster Teilnehmer der Expedition war Hermann Buhl. Er war schon zu Lebzeiten eine Legende. Ihm war vier Jahre zuvor am Nanga Parbat (8125 m) die einzige Erstbesteigung eines Achttausenders im Alleingang und ohne Flaschensauerstoff gelungen. Buhl kannte zu jener Zeit die Geheimnisse der großen Höhe wie kaum ein anderer. Die neue Taktik am Broad Peak nannte Buhl den »Westalpenstil«. Marcus Schmuck aus Salzburg, ein Organisationstalent ersten Ranges und zudem ein Klasse-Kletterer, der schon 1949 im Wilden Kaiser den 6. Schwierigkeitsgrad meisterte, hatte die Expeditionsleitung, der himalayaerfahrene Hermann Buhl die Leitung am Berg. Als weitere Teilnehmer waren der starke Fritz Wintersteller dabei – und der junge Kurt Diemberger.

Wintersteller und Diemberger erreichten den Vorgipfel. Das war am 29. Mai 1957. Sie standen »eine Hand breit« über der 8000-Meter-Grenze, aber der höchste Punkt im Gipfelgrat des Broad Peak war »wohl noch eine Stunde entfernt«, in dieser Höhe eine halbe Ewigkeit. Die Sonne stand tief, es war zu spät für diesen Tag. Kurt Diemberger und Fritz Wintersteller kehrten um.

Am 9. Juni 1957 versuchte die komplette Mannschaft ein zweites Mal ihr Glück, und dieser Anlauf gelang. Marcus Schmuck und Fritz Wintersteller stiegen über den langen Grat jenseits des Vorgipfels als Erste zum Hauptgipfel, und später auch Kurt Diemberger.

Als Diemberger vom Gipfel abstieg, näherte sich Hermann Buhl der Gipfelschneide. Angeschlagen von der großen Höhe und unter den Nachwirkungen der Erfrierungen leidend, die er sich am Nanga Parbat geholt hatte, kam er an diesem Tag nur langsam voran. Doch er kämpfte sich aufwärts. In einem dramatischen Wettlauf mit der Zeit – der Sonnenuntergang stand

Kleines Bild:
*Erstbesteiger des Broad Peak Marcus Schmuck heute in Salzburg.*

Großes Bild:
*Hermann Buhl und Kurt Diemberger am Broad Peak 1957.*
Copyright:
Kurt Diemberger.

kurz bevor – stieg Diemberger, nun mit Buhl, ein zweites Mal dem höchsten Punkt des Berges entgegen. Kurt Diemberger in seinem Buch »Gipfel und Gefährten«:

»... Hermann hatte einige Zeit auf der Schneeschulter gesessen. Dann fühlte er sich wieder frischer. Kritisch musterte er den steilen Hang zum Vorgipfel: eigentlich nicht so schlimm! Da könnte er auf alle Fälle noch hinauf. Und dann? Mit einem Male wurde ihm klar: Er wird weitergehen! Zäh, mit eisernem Willen steigt er höher, ganz langsam. Unmenschlich ist der Hang, will kein Ende nehmen. Aber Hermann gibt nicht auf. Meter um Meter kommt er dem Vorgipfel näher. Und droben begegnet er Marcus und Fritz:

›Wie lange noch?‹

›Eine gute Stunde!‹

Hermann ging weiter, vertraute auf seinen guten Stern vom Nanga Parbat.

8000 Meter! Mehrere Atemzüge pro Schritt. Es geht wieder etwas bergauf. Da sind die Felsen. Jetzt taucht der Vorgipfel in mein Blickfeld, hoch darüber der K2. Gleichgültig nehme ich es zur Kenntnis, schaue über den Gratbuckel hinweg. Was ist das? Gebannt bleibe ich stehen. Sinnestäuschung? Ein gelber Punkt, der sich bewegt, ein Anorak! Hermann!

Wie hat er das bloß fertig gebracht? In dieser Verfassung. Ich staune. Mich schaudert vor solch übermenschlicher Willenskraft.

Da kommt er, langsam, Schritt für Schritt. Angespannt sind die Gesichtszüge, geradeaus sein Blick. Jetzt ist er da. Alles möchte ich ihm sagen – aber ich kann nicht. Wie freue ich mich, dass er da ist. Ja, nun gehen wir gemeinsam hinauf.

Es ist bald halb sieben. Ganz flach trifft das Sonnenlicht den Gratrücken. Der Baltoro liegt im Schatten. Die Berge unter uns erscheinen unglaublich plastisch in der schrägen Beleuchtung. Es wird nicht mehr lange dauern, bis die Sonne untergeht.

Jetzt zum Gipfel? Ist das nicht Wahnsinn? 1100 Meter tiefer liegt das letzte Lager, und wir steigen in die Nacht hinein! Aber vor mir geht Hermann Buhl. Er hat schon einmal auf 8000 Meter eine Nacht verbracht.

Warum nicht auch diese? Freilich, damals hatte er unwahrscheinliches Glück.

Ob er und ich zusammen auch solches Glück haben werden?

Und wenn nicht, was macht es schon aus?

Einen Augenblick wundere ich mich über diesen Gedanken. Aber dann ist auf einmal alles so selbstverständlich. Ich kann plötzlich lächeln über alles, über die Angst all derer da unten, über meine eigene Angst vorhin. Jetzt bin ich ganz hier oben, die Welt unter mir ist unendlich fern, ist ohne Bedeutung. Ich gehöre nicht mehr dazu. Auch der erste Gipfelgang vorhin liegt in weiter Ferne. Was war das schon? Grenzenlose Verwunderung, dass alles so anders war, so enttäuschend. Das ist gewesen, vergessen. Aber dort leuchtet er, unirdisch wie ein Traum: der wahre Gipfel!

Immer gespenstischer werden die Gestalten der riesigen Schneepilze, immer seltsamer ihre Schattenbilder, ihre Gesichter. Alles lebt – und vor mir wandert Hermanns langer Schatten über die Schneefläche, krümmt sich, dehnt sich, macht Sprünge. Es ist totenstill. Ganz tief steht die Sonne. Kann das Leben je wieder so schön sein?

Schwer stütze ich mich einen Augenblick auf die Stöcke, bleibe stehen. Dann gehe ich lächelnd weiter. Vor mir Hermann. Wir steigen gemeinsam dem Gipfel zu. Wohl gehen wir hinein in die Nacht, doch vor ihr liegt ein Leuchten, das alles überstrahlt, jeden Wunsch des Lebens einschließt, das Leben selbst.

Alles wird jetzt wahr. Die Stille des Raumes empfängt uns. Wir schweigen. Es ist die Erfüllung. Zitternd neigt sich die Sonne dem Horizont zu. Unten ist Nacht, dort liegt die Welt; nur noch bei uns ist Licht. Zauberhaft schimmern die Gasherbrumgipfel, glänzt das Himmelsdach der Chogolisa. Direkt vor uns im Gegenlicht ragt die dunkle Masse des K2. Tieforange färbt sich der Schnee, seltsam azurblau der Himmel. Ich wende den Blick: Eine riesige, dunkle Pyramide wächst hinaus in die endlose Weite Tibets. Sie verliert sich im Dunst der Ferne. Der Schatten des Broad Peak. Wir drücken uns die Hände. Am Horizont flirrt noch ein schmaler Sonnenrand, ein Lichtstrahl greift über die Dunkelheit herüber zu uns, trifft gerade noch die letzten Meter unseres Gipfels. Staunend blicken wir auf den Schnee zu unseren Füßen. Er scheint zu glühen.

Dann erlöscht das Licht ...«

Dieser Sonnenuntergang wurde das große Finale für Hermann Buhl, der Broad Peak wurde sein letzter Gipfel. Keine drei Wochen später stürzt er bei einem Versuch, zusammen mit Kurt

*Marcus Schmuck auf dem Gipfel des Broad Peak, 9. Juni 1957.* Foto: Fritz Wintersteller.

Diemberger die Chogolisa (7654 m) zu besteigen, mit einer abbrechenden Schneewechte in die Tiefe und bleibt für immer verschwunden.

## Neuland um die 8000

Marcus Schmuck und Fritz Wintersteller gelang kurz nach dem Broad Peak eine weitere Erstbesteigung. Am Skil Brum (7360 m), dem höchsten Gipfel der Savoia-Gruppe, vis-à-vis von Broad Peak und K2, vollendeten sie ihre Idee von einer Leichtexpedition. Mit nur einem Zelt, das »mitwandert«, erreichten sie diesen Gipfel. Moderne Alpinisten nennen jenen Stil, den Schmuck und Wintersteller am Skil Brum konsequent verfolgten, den »reinen Alpinstil«.

Sieht man von den frühen Vermessungsexpeditionen ab, so kam vor der Erstbesteigung im Jahre 1957 nur eine Expedition an den Broad Peak. Sie stand unter der Leitung des Münchners Karl M. Herrligkoffer, und sie kam zur ungünstigsten Jahreszeit. Im August geht im Karakorum der Sommer langsam zur Neige, aber dieser erste Versuch, den Berg zu besteigen, sollte bis Mitte Dezember dauern. Die Expedition bestand aus erfahrenen Alpinisten: Günter Hauser, Albert Bitterling, Kuno Rainer, Sepp Maag, Michel Anderl und Ernst Senn. Doch für einen Erfolg war es einfach zu spät im Jahr. Am 6. November fegten Stürme über die Zelte von Lager 3. Bei minus 40 Grad gaben die Männer auf.

Die weiteren Highlights an diesem Berg nach der ersten Besteigung sind schnell erzählt: Auf der Suche nach neuen Möglichkeiten folgen im Jahre 1975 fünf polnische Alpinisten der Route von 1957, wenden sich aber ab der 7800 Meter hohen Scharte erstmals dem Mittelgipfel zu. Sein höchster Punkt liegt »eine Hand breit« über 8000 Meter. Die Besteigung gelingt, sie ist schwierig, der Abstieg wird zur Katastrophe. Einer der Bergsteiger stürzt mit den Seilen in die Ostwand ab, die anderen beginnen mit zusammengeknüpften Schnüren einen verzweifelten Abstieg. Nur zwei kehren lebend zum Fuß des Berges zurück.

1983 gelingt dem Italiener Renato Casarotto im Alleingang die Erstbesteigung des letzten Broad-Peak-Gipfels. Nach der neuesten Karte von Jerzy Wala erreicht die formschöne Pyramide des Nordgipfels eine Höhe von 7382 Metern.

Auch Reinhold Messner gelangt, 1982, über den Westsporn auf den Hauptgipfel. Mit ihm erreichen die ersten Pakistani den höchsten Punkt des Broad Peak. Es sind Sher Khan und Nazir Sabir. 25 Jahre nach der Erstbesteigung waren erst sieben Unternehmungen erfolgreich. Aber es kommen auch noch nicht sehr viele Bergsteiger. Die bürokratischen Hürden im Land Pakistan sind immer noch schwieriger zu überwinden als die steilen Flanken großer Berge. Der große Boom sollte erst viel später einsetzen.

1984 überschreitet Jerzy Kukuczka, der an vielen Achttausendern neue Wege ging, mit seinem Partner Wojciech Kurtyka den Falchan Kangri von Norden. Beim Abstieg über den Westsporn kommt ihnen weit oben Kurt Diemberger entgegen! Was macht der denn hier?

27 Jahre nach der Erstbesteigung will er mit seiner Partnerin Julie Tullis aus England den Aufstieg von 1957 noch einmal wiederholen. Julie wird die zweite Frau auf dem Gipfel sein. Die ersten Frauen sind schon ein Jahr zuvor dort oben gewesen, zwei Polinnen, Anna Czerwinska und Christina Palmowska. Anna war müde und blieb am Vorgipfel zurück, Christina ging allein weiter und erreichte den Hauptgipfel. Es war der 30. Juni 1983.

Für den Erstbesteiger Kurt Diemberger blieb der Broad Peak ein »immer wiederkehrender Meilenstein im verschlungenen Pfad seines Lebens«.

## Die letzten Probleme am Broad Peak

Im Sommer 1992 versucht eine kleine Gruppe von Katalanen den Berg erstmals über die unbekannte Ostseite, also von Sinkiang aus, zu erreichen. Sie nennen sich »Fem Tarragona«, was so viel bedeutet wie »Machen wir Tarragona groß«. Ihre Heimatstadt finanziert einen großen Teil der Expedition. Beim zweiten Anlauf, im Sommer 1993, gelingt ihnen der Peak Central, der Mittelgipfel, auf einer wilden Route; Oscar Cadiach, Lluis Rafols, Enric Dalmau und der Italiener Alberto Soncini nutzten ihre Chance. Dies war die erste Besteigung eines Broad-Peak-Gipfels von China aus und die zweite Besteigung eines der Karakorum-Achttausender von der unbekannten Seite. Kurt Diemberger war bei beiden Expeditionen mit dabei.

Die einzig neue Route in der Westflanke des Berges neben der Route der Erstbesteiger von 1957 entdeckte und

*Hermann Buhl auf dem Gipfel des Broad Peak, 9. Juni 1957.*
Copyright:
Kurt Diemberger.

beging der Mexikaner Carlos Carsolio. Das war während unserer gemeinsamen Expedition im Sommer 1994, und er kletterte allein.

Wagen wir einen Blick in die Zukunft? An den Achttausendern ist Ruhm und Ehre nicht mehr zu ernten, zumindest dann nicht, wenn man die leicht zugängliche pakistanische Seite dieser Berge betrachtet. Sicher, eine K2-Besteigung wird immer schwierig bleiben, doch ist sie weit über hundert Mal gemacht. Anders sieht es auf der unbekannten Chinaseite aus. Der K2 ist über die Nordkante bestiegen, der Mittelgipfel des Broad Peak ebenfalls über eine wilde Route. Und sonst? Der Hidden Peak wurde vor einer Reihe von Jahren von seiner unbekannten Seite in Sinkiang versucht, die japanische Expedition kam jedoch nicht weit und bestieg lediglich einen unbedeutenden Sechstausender nördlich der »großen Mauer«.

Die große logische Linie, die bleibt, ist der Nordpfeiler des Gasherbrum II. Wir waren ihm 1994 sehr nahe und schätzten seine Höhe auf runde 3000 Meter. Der Zugang ist schwierig und bleibt ein Problem für die Zukunft.

Doch der Karakorum hat nicht nur Achttausender! Der neue »Playground« wurde von der jungen Generation schon vor mehr als zwei Jahrzehnten längst entdeckt. Die Granitwände und -kanten von Latok, Ogre, Pfeiler Uli Biaho Tower und Trango Tower haben längst schwierigste Routen, und in jedem Sommer kommen neue hinzu. Diese senkrechten und modernen Klettereien, oft weit über dem 6. Schwierigkeitsgrad und häufig mit technischer Kletterei bis A4 kombiniert, sind ein anderes Kapitel in der Geschichte des Karakorum, ein neues.

# MOMHIL SAR

## EISBERGE UND APRIKOSENBÄUME

*Er fuhr mit uns 1987 den Indus hinauf nach Hunza: Mr. Faqir Shah.*

Sommer 1995. Ich werde eine Gruppe von Touristen durch das nördliche Pakistan führen, und wir werden gemeinsam den Nanga Parbat umrunden. Diese Tour ist ein wunderschönes Trekking um den westlichsten Eckpfeiler des Himalaya und berührt grüne Täler, Hochwälder und lange Gletscher. Es wird uns von der Ortschaft Tarshing über die Almenlandschaft von Tap und den Mazenopass zurück ins Industal führen. Wir werden den 3000 Meter hohen Südpfeiler des Nanga Parbat sehen und seine eisige Diamirflanke.

Bevor wir dorthin starten, bummeln wir über den Radja Bazar, den größten Bazar in Rawalpindi. Es ist ein heißer Nachmittag, und es sind sicher ein paar Tausend Einheimische, die hier zwischen Häusern in engen Gassen umherziehen und einkaufen. Plötzlich ist da jemand, greift um meinen Kopf und hält mir von hinten die Augen zu. Zuerst bin erschrocken. Ein Überfall? Nein, nicht hier auf dem

Großes Bild: *Der Momhil Sar, 7143 Meter, von Südosten.*

Kleines Bild: *Lager 1 unter dem Momhil Sar, 5300 Meter.*

Radja Bazar. Der Scherz eines meiner Begleiter? Ich versuche mich zu befreien, doch es gelingt mir nur mühsam, der Griff ist kräftig. Wer mag das sein? Endlich bin ich frei, ich drehe mich um, ich reibe mir die Augen, das ist … sein Name will mir nicht sofort einfallen, natürlich, auch er ist älter geworden. Jetzt …

Es ist Faqir Shah. Wir sind vor einer Reihe von Jahren zusammen in den Norden Pakistans gefahren. Das zufällige Treffen ist fast unmöglich, hier inmitten Tausender von Menschen …

Faqir ist Tourguide, und er hatte uns auf unserer Fahrt von Rawalpindi ins Hunzaland und nach Nagar begleitet. Das war schon im Sommer 1987 gewesen, und doch hat er mich wiedererkannt. Es ist für beide eine Riesenfreude! Allah schenkte uns dieses Wiedersehen nach vielen Jahren, aber er schenkte Faqir kein langes Leben. Im März 1997 starb er in einem Eisenbahnabteil zwischen Berlin und München, von einer Touristikmesse kommend, am Herzschlag.

Momhil-Sar-Erstbesteigung 1964, erste Steirische Karakorumexpedition.

## Mein erster Besuch im Karakorum

30 Sommer nach der wegweisenden Broad-Peak-Expedition von Marcus Schmuck war ich zum ersten Mal in den Karakorum gekommen. Pakistan hatte die ersten 40 Jahre seit der Staatsgründung hinter sich, und das Land sah anders aus als zur Zeit der Erstbesteiger und Karakorum-Pioniere. Es befand sich im Umbruch. Das Kriegsrecht, seit 1977 in Kraft, war aufgehoben, Staatspräsident Zia ul Haq regierte das Land als Staatspräsident mit strenger Hand, Oppositionspolitikerin Benazir Bhutto war aus dem Exil zurückgekehrt, und Trekkingtouristen, Expeditionsbergsteiger und Reisende konnten den Norden des Landes über eine neue Straße erreichen. Seit 1978 verbindet der Karakorum-Highway das Herz Pakistans mit den Northern Areas des Landes und mit der Chinesischen Provinz Sinkiang, die Städte Rawalpindi und Islamabad mit Gilgit und mit Kashgar.

Dieser erste Schritt zu den ganz großen Bergen des Karakorum führte mich noch nicht in die Region rund um den Broad Peak und den K2, sondern in den Nordwesten, in einen versteckten Winkel dieses Gebirges, zum Hispar Mustagh, einen Teil des Großen Karakorum. Das Wort Mustagh steht ganz allgemein für eisbedeckter Berg oder Eisgebirge, ähnlich wie auch Montblanc (Weißer Berg) in den Alpen oder Dhaulagiri (Dhawalagiri = Weißer Berg) im Himalaya. Hispar nennt sich die weite Region nördlich des Hispargletschers bis zur Schlucht des Hunza River. Hier findet man ein gutes Dutzend lange Gletscher und als höchste Gipfel den Kanjut Sar (7760 m), den Distaghil Sar (7885 m) und den Mount Trivor (7720 m). Unser Ziel war der Momhil Sar, durch einen langen Grat mit dem Mount Trivor verbunden. Mit 7342 Metern weniger hoch, aber ein schwieriger Berg, zumindest für diese Gruppe. Dieser wenig bekannte Gipfel aus Fels und Eis wurde im Sommer 1964 zum ersten Mal bestiegen. Wieder war es ein Erfolg österreichischer Alpinisten. Die Leitung dieser frühen Expedition hatte der Grazer Hanns Schell, dabei waren Leo Schlömmer, Rudolf Pischinger, Rolf Widerhofer und Horst Schindlbacher. Ihre Besteigung blieb bis heute ohne Wiederholung, der Momhil Sar ist nicht nur schwierig, er liegt auch in einer sehr launischen Wetterecke des Karakorum. Sein eleganter Ostgrat, ein Teil der Verbindung zwischen dem Momhil Sar und dem Mount Trivor, wurde in den letzten Jahren ein paar Mal versucht. Der Spanier Jaume Ros aus Terassa bei Barcelona, mit dem ich ein Jahr zuvor auf dem Gipfel des Pik Korshnewskaja (7105 m) im Pamir gestanden war, und seine Freunde aus Catalunya scheiterten 1994 vor dem letzten Aufschwung. Auch sie klagten über das anhaltend schlechte Wetter im großen Gletscherkessel unter dem Mount Trivor. Schells Expedition von 1964 begann am Ostgrat, wich wegen der unerwarteten Schwierigkeiten aber in die Südostflanke aus.

Die Fahrt zum Momhil Sar wurde von all meinen Unternehmungen die am wenigsten erfolgreiche, aber es wurde die lehrreichste. Gescheiterte Anläufe zu großen Bergen vergisst man normalerweise schnell, diese nicht. Der Weg zum Momhil Sar wurde der Grundstein zu vielen weiteren Unternehmungen im Norden Pakistans. Ich lernte sehr viel in diesem Sommer.

## Die Hunza und die Nagar

Die Reise führte uns nicht nur zu hohen Bergen und Gletschern, sondern auch in ein Tal mit zwei Bergvölkern: zu den Hunza (Hunzukutz) und den Nagar. Die Tatsache, dass wir es mit zwei Völkern zu tun haben, geht auf das 14. Jahrhundert zurück. Der Trakhan-König Shah Malik hatte seinen Neffen Maglot und Girkis Land geschenkt. Sie sollten die Handelsstraße entlang des Hunza River nach China sichern. Maglot bekam das flachere und besser zu bewässernde Land auf der Schattenseite des Tales, während Girkis das steilere, aber sonnenbeschienene Land auf der anderen Seite erhielt. Mit dieser Landverteilung begann ein Zwist, der heute zum Teil noch besteht. Maglot ließ Girkis aus Neid und Habsucht umbringen, denn die Felder auf der Sonnenseite hatten einen größeren Ertrag. Als er jedoch auch nach dem Land griff, wurde er als Herrscher auf der gegenüberliegenden Talseite nicht akzeptiert. Bis heute trennt dieser Familienstreit, der vor Jahrhunderten begann, zwei Volksstämme, deren Ursprung und Wurzeln im Grunde identisch sind. Mehr noch: Beide Bergvölker entwickelten sich unterschiedlich und sind heute in ihrer Kultur und im Umgang vollkommen anders. Während die Hunza nett und freundlich, weltoffen und entgegenkommend sind, schneiden die Nagar in den Erzählungen von Reisenden und Expeditionsbergsteigern durchwegs schlechter ab. Sie gelten als verschlagen, hinterlistig und – ganz allgemein gesagt – als böse. Betrachtet man es genauer, so sind sie ganz einfach geschäftstüchtig, und wir sollten unsere eigenen Erfahrungen mit ihnen machen.

Kleine Bilder:
*Ein Tal, zwei Bergvölker: Hunza (oben) und Nagar (unten).*

Großes Bild:
*Hunza, das Tal mit den zwei Bergvölkern.*

*Sie waren oft missgelaunt und schwierig: unsere Träger vom Stamm der Nagar.*

Die Jeeps, die uns und unsere Expeditionsausrüstung auf der Nagarseite des Hunza-Flusses ein letztes kleines Stück über eine staubige Piste beförderten, waren teuer. Sehr teuer! Gewöhnlich regeln die »Mountaineering Rules and Regulations« des Landes Pakistan die Maximalkosten eines solchen Transportes und bestimmen grundsätzlich die Kalkulation einer Expedition, doch nicht im Lande der Nagar, so machte man uns 1987 deutlich. Zahlen oder wieder nach Hause fahren hieß die Devise. Unser Verbindungsoffizier, der Mann, der während einer Expedition oder während einer großen Trekkingtour solche Unstimmigkeiten zwischen den betroffenen Parteien zu regeln hat, zeigte nicht nur hier seine Machtlosigkeit. Letztendlich zahlten wir für unsere Jeeps einen Preis, als würden wir in München oder Hamburg, Wien oder London mit dem Taxi spazieren fahren.

Die Träger aus den Siedlungen Sumaiyar, Nagar und Hoppar, die uns bis in das Basislager am Fuß unseres Berges begleiteten, waren eine verschworene Gemeinschaft, und sie machten uns von Anfang an das Leben schwer. Schließlich streikten sie einen halben Tagesmarsch vor dem geplanten Endpunkt, als wir das Moränengelände verlassen mussten und es zum ersten Mal über einen schneebedeckten Gletscher ging. Wir waren durch Berichte früherer Expeditionen gewarnt, aber dass es so schlimm kommen würde, hatten wir nicht geglaubt. Nur nach etlichen Stunden Verhandlung, sehr viel Geld und ein paar guten Worten gingen sie weiter. Als wir am Lagerplatz ankamen, hatte ich hinter mir 13 Träger am Seil, alle mit einer Schlinge um den Bauch eingebunden. Sie fürchteten den fast spaltenlosen, flachen Gharesagletscher mehr als alle bösen Geister des Karakorum zusammen. Ein Europäer und 13 Nagar – es war die größte Seilschaft, mit der ich jemals unterwegs war.

Unsere kleine Mannschaft bestand aus drei Hanseaten, Alpinisten aus dem hohen Norden, einem Arzt, der zuvor schon einmal für ein paar Tage am Kilimandscharo gewandert war, Mister Faqir Shah aus Nomal als Begleiter, Guide und Organisator zwischen Rawalpindi und Karimabad, einem Koch aus dem Hunzatal und einem Verbindungsoffizier der pakistanischen Armee: Captain Niaz Mohammed Khan. Niaz Khan stammte aus den schwülwarmen südlichen Regionen Pakistans und war auch an den wärmsten Tagen dieses Sommers nur in seine Daunenjacke gehüllt anzutreffen. Er fror ständig. Unser Doktor hatte seine eigene Art, eine Reise zu den hohen Bergen Pakistans zu gestalten, und seine Auseinandersetzungen mit unserem Koch Rayhan nervten alle. Ewiger Zankapfel war ein Kocher. Als könne er es nicht selbst erledigen, forderte er an jedem Abend im Basislager, dass sein persönlicher Kocher auf Hochglanz gebracht wurde. Dem friedfertigen Rayhan, der reichlich damit zu tun hatte, die Küche in unserem Basislager am Laufen und unseren Verbindungsoffizier bei Laune zu halten, platzte schließlich der Kragen. Auf den x-ten

Hinweis, der Kocher hätte immerhin mehr als nur eine Hand voll Dollar gekostet, antwortete er vor Wut schnaubend: »Ich war mit dem berühmten Expeditionsleiter Doktor Herrligkoffer am Nanga Parbat, und dort hatten wir einen Kocher, der war dreimal so teuer – und den musste ich nicht bis in die Nacht hinein polieren. Da durfte ich auch mal schlafen!«

Ein kluger Expeditionsbergsteiger reist mit mindestens zwei Schlafsäcken. Einen davon deponiert er dauerhaft im Basislager, der andere bleibt am Berg, in irgendeinem Hochlager. Diese Taktik spart viel unnütze Schlepperei, bergauf und bergab. Auch ich hatte mir am Momhil Sar diese Strategie zurechtgelegt, doch mein Plan ging nicht auf. Faqir hatte sich bei mir einen der Schlafsäcke ausgeborgt, für die einzige Nacht, die er in unserem Lager vor dem ersten Abmarschtag verbrachte. Als ich am Morgen erwachte, waren unsere Fahrzeuge schon auf dem Rückweg nach Karimabad. Mit ihnen Faqir – und mein Schlafsack. Es war kein Diebstahl, sondern einfach ein Missverständnis, und ich nahm es ihm später nicht übel. Er hatte den Schlafsack ganz einfach für ein Geschenk gehalten, und ich bekam ihn in Islamabad vor unserem Abflug zurück, doch vor unserem Berg stand ich mit unzureichender Ausrüstung.

Ähnlich ging es weiter, ich fühlte mich zeitweilig wie der Loser der Saison: Wir gingen die flacheren Abschnitte über den langen Gharesagletscher mit Tourenski. Aus welchem Grund auch immer: Die Steigfelle für meine Ski waren beim Packen unserer Expeditionstonnen und -pakete in

*Mit Kurzski auf dem Weg zum Momhil Sar. Lehrstunden im Karakorum.*

Hamburg zurückgeblieben, und ich musste mir mit zwei Reststücken à 30 Zentimeter Länge helfen. Mit Heftpflaster und Isolierband direkt unter der Bindung befestigt, war das weniger als eine Notlösung. Dafür stand ich im Karakorum zum ersten Mal auf »Brettern«, wenn man von Langlaufski einmal absieht. Die Aufstiege durch den Gletscher mit diesen ständig rutschenden Folterinstrumenten waren kraftraubend und deprimierend; Sisyphus, tragische Figur in der griechischen Mythologie, in der Unterwelt dazu verdammt, einen Felsblock einen Berg hinaufzuwälzen, der ihm knapp unterhalb des Gipfels immer wieder entgleitet, konnte es nicht schwerer haben. Die unsägliche Tortur bis zu unserem zweiten Lager nahe der 6000-Meter-Marke hat mir lebenslänglichen Skitourenverdruss eingebracht.

Nie habe ich beim Bergsteigen Schlimmeres erlebt als am Momhil Sar. Dort ohne Steigfelle emporzusteigen, war eine der größten Strafen meines bisherigen Lebens. Die kurzen Fellstücke, die mir als Ersatz für richtige Steigfelle dienten, habe ich als eine ewige Mahnung zu Hause aufbewahrt. Einziger Trost: Ich kann heute zynisch behaupten, ich habe das Skifahren im Karakorum gelernt, und eine meiner ersten Abfahrten begann in 6000 Meter Höhe!

Bild links:
*Letzter Versuch: Aufstieg durch Lawinenflanken zum Lager 3.*

Bild Mitte:
*Es gelang im zweiten Anlauf, ein drittes Lager aufzubauen; der Gipfel des Momhil Sar war zum Greifen nahe.*

Bild rechts:
*Wir brachen unser Unternehmen ab. Rückzug im knietiefen Schnee.*

## Gewonnen – an Erfahrung

Bergsteigerisch passte nichts bei diesem Unternehmen. Das Wetter war immer dann, wenn wir unten waren, anhaltend gut. Stiegen wir in die Höhe, war es tagelang schlecht. Wir fanden mit Berg und Natur keinen Rhythmus. Nach mehreren heiklen Querungen im wild zerrissenen Eisbruch unterhalb des Berges und dem Aufstieg durch eine steile Lawinenflanke gelang es im zweiten Anlauf, ein drittes Lager aufzubauen. Wir kamen 6400 und ein paar Meter hoch, der Gipfel war zum Greifen nahe, uns fehlten ein paar Tage schönes, stabiles Sommerwetter. Doch nach einer kurzen, ruhigen Phase gab es eine ganze Nacht lang neuen Schneefall. Steigeisen, Eispickel und Rucksäcke, vor unseren Zelten deponiert, verschwanden unter einer weißen Decke. Trotz schlechter Sicht erkundeten meine Gefährten den Weg in Richtung Gipfel. Ich blieb im Lager. Es ging mir nicht gut, und instinktiv empfand ich unsere Situation wohl als gefährlich. Im vorangegangenen Winter war ich bei einem großen Lawinenabgang am Zugspitzmassiv gerade noch einmal davongekommen. Jetzt waren es die drei, die in einen mächtigen Schneerutsch gerieten. Heiko und Roland wurden mitgerissen, konnten sich aber, wie durch ein Wunder, aus dem lockeren Pulver selbst befreien. In der folgenden Nacht schneite es ohne Pause. Motivation und Moral waren im Keller. Tags darauf brachen wir das Unternehmen ab. Wir waren alle froh, im ewig tiefen Schnee ohne eine weitere Lawine und ohne Unfall mit heilen Knochen von den steilen Hängen des Momhil Sar herunterzukommen. Ich tröstete mich damit, dass nicht jeder im ersten Anlauf einen der großen Karakorumgipfel erreichen kann.

Wir nahmen es nicht gar zu schwer, sondern machten aus der Not eine Tugend. Wir verbrachten die Sommerferien im Hunzatal, durchstreiften grüne Felder, bestaunten den 7788 Meter hohen Eisriesen Rakaposhi mit seinem messerscharfen Nordgrat und pflückten Aprikosen in der Nähe der alten Festungen Altit und Baltit. Das Hunzaland ist berühmt für seine Früchte, egal, ob frisch oder getrocknet.

Um die Geschichte abzuschließen: Seit jenem Sommer im Jahre 1987 war ich noch viele Male in Hunza, bei den Hunzukutz und bei den Nagar, für Unternehmungen dort oder zur Durchreise über den Kunjerabpass nach Kashgar in Sinkiang. Es hat sich vieles verändert. Das Land ist moderner und auch die Nagar sind offener und umgänglicher geworden. Auch sie wollen, genau wie ihre Verwandten auf der anderen Talseite, mit dem Berg- und Trekkingtourismus leben. Und sie haben begriffen, dass das nur mit einer gewissen Freundlichkeit funktioniert.

Meine erfahrenen Freunde Günter und Heiko hatten mir den Karakorum gezeigt, und ich hatte meine erste Lektion gelernt, so gut ich es konnte. Ich wusste, dass ich wiederkommen würde, aber ich ahnte nicht, dass es einige Jahre dauern sollte. Während dieser Zeit war ich als Bergsteiger und Kletterer in Südamerika, in Ostafrika und immer wieder in den Alpen unterwegs. Schließlich, 1992, zog eine Münchner Expedition zum Gasherbrum II, zum »Leuchtenden Berg«. Es war meine Idee – und sie brachte uns den Gipfel eines Achttausenders.

Die Besteigung eines Berges über der letzten »magischen Grenze« ist heute kein Mysterium mehr. Der erfahrene Alpinist und Höhenmediziner Franz Berghold aus Kaprun in Österreich stellt dazu fest: »Höhenbergsteigen kann jeder, wenn man sich an die Spielregeln hält.«

Er trifft mit diesem einfachen Satz den Nagel auf den Kopf. Hinzuzufügen bliebe: Wenn der Expeditionsplan genug Zeit lässt, um alle Spielregeln einzuhalten. Zudem gilt: Bergsteiger, die schon einmal eine große Höhe erreicht haben, akklimatisieren sich meistens besser als Neulinge.

## Ich komme wieder – besser vorbereitet

Schon auf dem Rückflug von unserer erfolglosen Expedition 1987 wusste ich, dass ich den nächsten großen Berg allein versuchen wollte, allerdings besser vorbereitet und angepasst. Im Winter flog ich nach Südamerika zum Aconcagua (6959 Meter). Ich bestieg zur Akklimatisation einen hohen Fünftausender in unmittelbarer Nähe von Santiago de Chile, ruhte mich zwei Tage aus, fuhr nach Puente del Inca in Argentinien, wanderte in aller Ruhe die etwa 40 Kilometer durch das Horconestal zum Aconcagua, ließ mich von niemandem treiben, richtete zwei Hochlager ein, ging grundsätzlich nur mein extrem langsames Tempo und erreichte am siebten Tag nach der Ankunft im Basislager den Gipfel. Sieht man von den 300 Höhenmetern der berüchtigten »Canaleta« einmal ab, empfand ich das Ganze als Spaziergang.

Im Sommer 1993 gelang mir eine Besteigung des Pik Kommunismus (7485 Meter) im Pamir. Sie war außergewöhnlich. Wochenlang hatten wir uns bei wechselndem Wetter am benachbarten Pik Korshnewskaja (7105 Meter) versucht, bis endlich der Gipfel gelang. Als wir wieder herunterkamen, blieben gerade noch sechs Tage bis zum Heimflug. Das ist wenig für einen großen Berg, dessen »Normalroute« mit mindestens drei Hochlagern gemacht wird. Der Rest der Mannschaft hatte den höchsten Punkt der GUS (Gemeinschaft Unabhängiger Staaten) schon abgeschrieben, aber nach einer langen »Bergpredigt« gelang es mir, einige neu zu motivieren und das Ruder herumzureißen. Als ich ihnen meine Taktik verriet, fielen sie fast in Ohnmacht. Schließlich benötigten wir für die 3285 Aufstiegsmeter vom Basislager (4200 Meter) bis zum Gipfel nur zweieinhalb Tage, noch weniger, als ich geplant hatte. Am vierten Tag waren wir wieder unten. Von den dauerhaft fixierten Seilen am steilen Borodkinpfeiler abgesehen gingen wir im Alpinstil. Den 1500 Meter hohen Pfeiler bewältigten wir ohne Zwischenlager an einem Tag. Die lange Anpassungszeit am benachbarten Korshnewskaja hatte es möglich gemacht, wir waren glänzend disponiert. Am Tag nach der Rückkehr vom Gipfel, wo gewöhnlich »alles, was oben war«, flach am Boden liegt, spielten wir im Moskwinlager in 4200 Meter Höhe gegen eine russische Mannschaft sogar noch mit Volldampf Volleyball – da waren wir allerdings weniger erfolgreich als am Berg.

Dass Anpassung an große Höhe nicht in jedem Jahr gleich gut funktioniert, ist weniger bekannt, aber es ist so. Das extremste Beispiel erlebte ich im Sommer 1996 am Mustagh Ata (7545 Meter) im Kun-Lun-Gebirge in Sinkiang. Elfmal stieg ich vom Basislager (4450 Meter) zum Lager 1 in 5400 Meter auf. Dreimal war ich am Lager 2 (6100 Meter), davon einmal in einem Zug von unten. Alles ohne Ski, weil die Verhältnisse im Sommer 1996 den Fußgänger an diesem »Ski-Siebentausender« bevorzugten. Trotz allem fühlte ich mich in der Höhe immer nur schlapp, müde und nur wenig leistungsfähig. Warum das so war? Ich habe keine Erklärung dafür gefunden. Möglicherweise lag es am ständigen zermürbenden Wind über der Wüste; vielleicht hatte ich mich als Expeditions- und Reiseleiter beim Transport der Lasten aber auch ganz einfach für die Mannschaft totgerannt …

*Die alte Hunzafestung Baltit und das Gold von Hunza: Aprikosen.*

# GASHERBRUM II

## SCHRITTE
## ZUM GIPFEL

Bild oben:
*Nacht im Karakorum. Sternenbahnen am Nachthimmel.*

Es ist Nacht. Das Licht des Vollmonds dringt milchig durch die Zeltwand. Ich muss noch einmal hinaus, die nächtliche Bergwelt betrachten. Draußen ist es sternenklar, nie habe ich einen solchen Sternenhimmel gesehen, nicht in Wüsten und nicht in anderen Gebirgen. In der Ferne höre ich ein Rauschen. Hoch oben an den Hängen des Baltoro Kangri hat sich eine Pulverschneelawine gelöst und gleitet jetzt talwärts. Obwohl sie den ganzen Streifen des Abruzzigletschers überflutet, sind wir auf unserer Randmoräne sicher. Sie ist zu weit entfernt, nicht einmal der feine Schneestaub wird uns erreichen. Aber im Mondlicht ist das Glitzern der Schneekristalle über dem Gletscher ein faszinierender Anblick. Wenige Minuten später ist der Spuk vorbei. Draußen ist es kalt, im Zelt wartet der warme Schlafsack.

Lawinen und riesige Eisbrüche, gutes Wetter, bis wir am Berg fertig waren, Freundschaft und den Gipfel eines Achttausenders – was ich damals alles erleben durfte! Auch heute, Jahre nach dieser Expedition, sind die Bilder nicht verblasst, bin ich in Gedanken wieder unterwegs – mit Heinz und Gunthi, Jan und Max, und mit Sepp, unserem Achttausender-Opa …

Der Zufall hatte diese Expeditionsmannschaft zusammengebracht. Begonnen hatte die Fahrt zum Gasherbrum II im November 1990 in einem großen Bierkeller in München, im Mathäser. Er ist Historie und existiert heute nicht mehr. Günter aus Hamburg, Expeditionsleiter von 1987, war zu Besuch, und wir waren »versackt«. Das war bei uns, zumindest zu dieser Zeit, vollkommen normal, es sei denn, wir waren irgendwo südlich von München beim Klettern, im Kaiser, im Wetterstein oder im Karwendel. Im Halbrausch erzählten wir uns von 1987. Wie alles war und wie es hätte sein können. Warum wir nicht raufgekommen waren auf unseren Momhil Sar und dass wir unbedingt wieder einmal dorthin fahren müssten, wo diese verflucht schönen Berge stehen. Mit jeder frischen Mass Bier waren wir dem alten Gipfel ferner und neuen Gipfeln näher. Als wir auseinander gingen, war alles klar: Wir fahren zum Gasherbrum II. Eigentlich hatten wir das im Sommer 1987 auch schon wollen, aber irgendwie war unsere Planung plötzlich in andere Bahnen gegangen, und wir waren im Hispar Mustagh und am Momhil Sar gelandet. Doch auch dieses Mal sollte uns etwas dazwischenkommen …

## Probleme, Probleme

Ich nahm mich der Sache an, studierte wochenlang Pakistans »Mountaineering Rules and Regulations«, schrieb dem Ministry of Tourism in Islamabad einen langen Brief und bat um jene berühmte Besteigungsgenehmigung, die man für jeden Gipfel über 6000 Meter Höhe im Karakorum benötigt. Doch noch bevor eine Antwort aus

Pakistan kam, war unser Traum geplatzt. Günter konnte im Sommer 1992 nicht fahren, und unserem Freund Heiko, 1987 ebenfalls dabei, war der Berg einfach eine Nummer zu groß.

Im März des Jahres 1991 kam aus Islamabad die Zahlungsaufforderung für den Sommer 1992, aber das Problem war: Ich sollte 2500 harte amerikanische Dollar zahlen und hatte keine Mannschaft. Mir fiel Max ein. Der hatte 1985 den Broad Peak bestiegen, wusste, worauf es im Karakorum ankam, und kannte Gott und die Welt. Wir verbreiteten das Gerücht »Gasherbrum II«, und unter den Münchner Bergsteigern und meinen Hamburger Freunden brach bald eine Art Fieber aus. Viele wollten mitfahren, anfangs waren es fast zwei Dutzend. Dann wurde erstmals über Geld gesprochen, und schlagartig halbierte sich die Gruppe der Interessenten. Als es ans Eingemachte ging, reduzierte sich der Kreis schließlich auf sechs. Bei einer typisch Münchner »Biergartenbesprechung« brachten wir die Sache auf den Punkt. Irgendwer sagte: »Na, dann geh'ma halt mitanand!« Wir hatten einen ersten Schritt getan.

## »Expedition der Freunde«

Von diesem Zeitpunkt an organisierten wir alles gemeinsam, Zug um Zug, und es wurde eine Expedition der Freunde. Max kümmerte sich um Verpflegung und Material, Sepps Garage wurde zum Lagerraum, Gunthis Büro zum abendlichen Tagungszimmer, Heinz rackerte unermüdlich, und nur Jan, in Hamburg lebend und von der bayerischen Landeshauptstadt ein wenig weiter entfernt als alle anderen, war von Arbeiten dieser Art befreit.

Dass Max letztendlich auf 7700 Meter umkehren musste, weil sich ein Steigeisen löste und er es am vereisten Schuh nicht wieder befestigen konnte, blieb der einzige Schönheitsfehler dieser Expedition. Alle anderen standen im Juli 1992 auf dem höchsten Punkt des Gasherbrum II.

Großes Bild:
*Der Gasherbrum II, 8035 Meter. Unser Ziel im Sommer 1992.*

Kleines Bild:
*Er begleitete uns als Verbindungsoffizier: Captain Hadi Raza Ord, ein Offizier und Gentleman.*

Unsere Expedition zog in Pakistan das große Los und hatte einen aktiven, klugen und engagierten Verbindungsoffizier der pakistanischen Armee. Er war Offizier und Gentleman in einem, der nie versuchte, uns in irgendeiner Weise zu übervorteilen, sondern mich in alle Geheimnisse und Instruktionen des Ministry of Tourism einweihte. Und wir hatten einen humorvollen, intelligenten Koch. Voller Eindrücke fasste ich unter dem Titel »Oberländer im Karakorum erfolgreich« den Sommer 1992 kurz darauf in einer kleinen Geschichte zusammen:

*»Sepp steht Hilfe suchend auf dem schmalen Mittelstreifen der Murree Road, die Pakistans lebendige Stadt Rawalpindi in weiten Abschnitten durchzieht. Während der letzten Minuten sind sicher zweihundert hupende und qualmende Autos an ihm vorbeigerauscht. Drei davon hätten ihn beinahe umgefahren. »Wenn du mir das vorher erzählt hättest, wäre ich bestimmt nicht früher mit dir gefahren. Das ist lebensgefährlich!«, resümiert Sepp nachdenklich, als*

Er überragt das Industal um 7000 Meter: der Nanga Parbat, 8125 Meter hoch.

*wir endlich in einem der vielen schrottreifen Taxis sitzen. Mein Freund hatte die Gefahren einer orientalischen Großstadt offensichtlich bei weitem unterschätzt.*

*Sepp Hasholzner aus Lochham bei München und ich sind eine Woche vor allen anderen Expeditionsteilnehmern in Pakistan eingetroffen, um hier vor Ort die letzten Vorbereitungen für unsere ›German Gasherbrum-II-Expedition‹ zu treffen und um dem Rest der Mannschaft einen unangenehmen, tagelangen Aufenthalt in der 40 Grad heißen Stadt zu ersparen. Vorbereiten heißt bei einer solchen Unternehmung vor allen Dingen arbeiten. So diskutieren wir im Ministerium für Tourismus, plaudern in der deutschen Botschaft und feilschen auf dem Bazar um Zwiebeln, Knoblauch und um Schuhe für unsere Träger. Im Hotel packen wir Lasten, jagen in unserem Materialdepot nach einer Ratte, die sich vergnüglich über unseren Expeditionskäse hermacht (und die später von Heinz kurzerhand erlegt wird) und bringen mit Hilfe einer Spedition 840 Kilogramm Expeditionsgepäck durch den Zoll. Entgegen allen Erwartungen und trotz einiger hoher islamischer Feiertage werden wir zum geplanten Termin fertig. Hadi Raza Ord, unser pakistanischer Verbindungsoffizier im Rang eines Captains, und Ali, unser Koch, den wir später durch Ghulam Haider ersetzen müssen, stehen mir mit Rat und Tat zur Seite und wachsen so vom ersten Tag an in unsere Expeditionsgemeinschaft hinein. In der Nacht zum 14. Juni 1992 warten wir alle gespannt am Flughafen von Islamabad. Der Rest unserer Truppe trifft ein. Nach einigem Trubel und der üblichen Drängelei vor dem Ausgang des Airports biegen sie bepackt mit Ruck- und Seesäcken um die Ecke: Max Wallner aus Lohof, unermüdlicher Mitorganisator dieser Expedition, der mir zu Hause so viele Sorgen abnahm und sich vorbildlich um unsere Ausrüstung und Verpflegung kümmerte, Heinz Wittmann aus München und Gunthi Schmieder aus Augsburg, beide Hochtourenführer unserer Münchener Alpenvereinssektion Oberland, und schließlich Jan Bracker, unser Benjamin, mein alter Freund aus Hamburger Zeiten.*

*Nur einen Tag Atempause gönnt uns der Bergsteige- und Trekkingbürokratismus Pakistans jetzt noch, dann bittet Minister Zafarulla Siddiqui zum traditionellen ›briefing‹ und gibt der Gruppe letzte Anweisungen. Schon in der Nacht sind wir mit Kleinbus und Lastwagen unterwegs in Richtung Skardu. Als wir nach 23 Stunden Fahrt über den Karakorum-Highway (KKH) und über wilde Schotterstraßen dort ankommen, sind unsere Knochen restlos durchgeschüttelt …«*

## Bürokratie

Eine Fahrt über den Karakorum-Highway in Richtung Norden ist immer anstrengend und aufregend, egal ob am Tag oder während der Nacht. Als wir dort vorbeifuhren, wo der Indus nach Osten biegt, sah ich über der Wüste zum ersten Mal einen Achttausender aus der Nähe. Der Nanga Parbat war frei. Er überragt das Industal um 7000 Meter. Ganz schön hoch!

Bild links oben:
*Die Stadt Skardu, ein staubiges Nest am Ufer des Indus.*

Bild rechts oben:
*Auf dem Weg zum Baltoro Mustagh. Die Fahrt nach Askole ist abenteuerlich und anstrengend.*

Bild links unten:
*Ein Vertrag mit den Baltiträgern ist Pflicht. Viele unterschreiben mit einem Daumenabdruck.*

Bild unten rechts:
*Auf dem Weg zum Baltorogletscher. Der Weg führt zu Beginn durch das tief eingeschnittene Tal des Braldu-River.*

Es war noch so allerlei passiert in der Woche davor, und später passierte noch mehr. Der Chef im Ministerium für Tourismus ließ uns vor seinem Schreibtisch antanzen, machte uns Auflagen und schickte uns wieder fort. Fragte ich bei einem solchen Treffen Konkretes, so hörte er grundsätzlich nicht zu.

Zwischendurch gab es ein paar hohe moslemische Feiertage. Das Büro des Ministry of Tourism blieb eine halbe Woche lang geschlossen. Als ich reklamierte, dass man uns besser vorab auf diese Feiertage hingewiesen hätte, und wir dann einige Tage später von Europa angereist wären, meinte der Minister cool und trocken: »Unsere islamischen Feiertage richten sich nach dem Vollmond, und wann Vollmond ist, weiß man vorher niemals so ganz genau.«

Zafarulla Siddiqui »überlebte« unsere Expedition nicht. Er schickte uns mit dem »briefing« auf den Weg zum Großen Karakorum, aber als wir vom Baltorogletscher zurückkehrten, war sein Büro versiegelt und mit großen Vorhängeschlössern versperrt. Man erzählte uns leise und hinter vorgehaltener Hand, man hätte ihn wegen Korruption vom Dienst suspendiert.

Sein Nachfolger wurde Taleh Mohammad, ein freundlicher älterer Herr. Er arbeitete seinem Alter und seiner Erfahrung entsprechend korrekt und gründlich, aber nicht besonders schnell. Als am Nachmittag vor unserem geplanten Heimflug das traditionelle »debriefing« immer noch nicht abgeschlossen war und uns ein paar Stempel für die Ausreise fehlten, verlor ich die Nerven und schlug mit der Faust auf seinen Schreibtisch. Das Tintenfass hüpfte. Ohne seinen Kopf zu heben, blickte er mich über seine Lesebrille an, so wie nur Taleh Mohammad es kann, und sagte: »Zügeln Sie Ihr Temperament, junger Mann, mäßigen Sie sich, wir sind doch hier nicht auf einem Bazar, sonst kommen Sie nie mehr nach Hause!« Seine Betonung lag auf »Sie« und »nie«! Captain Hadi, unser Offizier, hatte aufgepasst und zog mich noch rechtzeitig vor meinem finalen Tobsuchtsanfall am Ärmel aus Talehs Büro. Wir bekamen unsere Stempel und wir flogen am nächsten Morgen pünktlich.

Seit dieser Zeit ist mein Gesicht im Ministry of Tourism bekannt. Zwei Jahre später traf ich Taleh Mohammad wieder, ohne dienstliche Angelegenheiten und ganz privat. Er war immer noch Chef im Ministerium. Er lud Kurt Diemberger, Erika Prokosch und mich auf ein Plauderstündchen bei Tee und Gebäck ein, und wir vertrugen uns wieder.

## Es wird ernst

*»… Skardu ist die Hauptstadt der pakistanischen Provinz Baltistan, ein trockenes und staubiges Nest am Ufer des oberen In-*

*Blick zu den Trangotürmen. Sie sind die berühmtesten Felsmassive im Karakorum.*

dus, seit Jahrzehnten Treffpunkt für Gipfelaspiranten und Trekker aus aller Welt. Hier bekommen wir unsere Jeeps für die Weiterfahrt nach Askole, der letzten Siedlung vor den gewaltigen Eis- und Gletscherregionen, und hier verpflichten wir einen Sirdar (Trägerführer) und 75 einheimische Träger vom Stamme der Balti für den Anmarsch in unser Basislager. Die Abfahrt am nächsten Morgen verzögert sich erheblich. Die Jeeps sind nicht aufgetankt. Zapfsäulen oder Tankstellen sind in dieser Ecke der Welt unbekannt. Es beginnt eine umständliche und zeitraubende Prozedur mit Kraftstofftonnen und Plastikschläuchen. So wird es Mittag, bis wir durch Wüstenlandschaft und über staubige Pisten die Siedlung Dassu erreichen. Wir können froh sein. Die Erstbesteiger begannen ihren Fußmarsch in Skardu, und noch vor wenigen Jahren mussten Expeditionen oder Baltoro-Trekker hier in Dassu mit der Wanderung zu den Achttausendern beginnen. Heute gibt es eine wilde Straße durch das Shigartal und bis zum letzten Dorf. Es heißt Askole.

Von hier starten am 18. Juni, nach umständlicher Verteilung aller Trägerlasten, sechs Bergsteiger, ein Verbindungsoffizier, ein Koch, ein Sirdar, 75 gut gelaunte Baltiträger, ein schwachsinniger Ziegentreiber *und zwei widerspenstige Ziegen in Richtung Gasherbrum II. Nach eineinhalb Jahren Planung und nach einer Mordsarbeit aller sind wir endlich unterwegs!*

*Die Landschaft, durch die wir ziehen, wechselt nun häufig ihr Gesicht. Die ersten beiden Tage führen uns durch das flache und wüstenähnliche, manchmal aber auch tief eingeschnittene Tal des Braldu River; nach der Oase Paiju betreten wir den etwa 60 Kilometer langen Baltorogletscher. Schuttbedeckt schlängelt er sich vorbei an den wild gezackten Trangotürmen, dem Mustagh Tower und dem herrlichen Masherbrum zum Concordiaplatz, dem Zusammenfluss großer Gletscher. Sie heißen Baltoro, Abruzzi und Godwin-Austen. Spätestens hier ist man im Banne der Achttausender, und vielleicht war der Gipfelerfolg unserer Mannschaft am Gasherbrum II für mich persönlich nur das sekundäre Erlebnis. Vielleicht werden es immer die großen Berge des Baltoro sein, die in meiner Erinnerung auftauchen. Der Chogori, der Hidden Peak, die Gruppe der Gasherbrum, der Chogolisa, der kühne Mitre Peak, der Broad Peak.*

*Ganz besonders der Broad Peak hat es mir angetan. Obwohl von seiner breiten und eher plumpen Gestalt einer der unscheinbarsten unter den großen, ist er doch ein unverrückbarer Meilenstein in der Geschichte des Expeditionsbergsteigens. Hier hat Hermann Buhl 1957 seinen Westalpenstil erfunden und gemeinsam mit Kurt Diemberger, Marcus Schmuck und Fritz Wintersteller das durchgeführt, was damals viele für unmöglich hielten: Die Erstbesteigung eines Achttausenders ohne die Hilfe einheimischer Hochträger und ohne Sauerstoff aus der Flasche. Ein Stil, der noch im selben Sommer von derselben Expedition zum reinen ›Alpinstil‹ verfeinert wurde, nämlich bei der Erstbesteigung des Skil Brum durch Marcus Schmuck und Fritz Wintersteller (7360 Meter) und am Chogolisa.*

Unser zweites Hochlager am Südwestsporn des Gasherbrum II. Der erste steile Aufschwung liegt hinter uns.

*Nicht sehr viel anders, im Westalpenstil, ohne Hochträger und ohne Flaschensauerstoff – aber mit einer Kette fester Lager, die uns jederzeit den Rückzug sichern sollte, haben wir uns im Sommer 1992 den Gipfel des Gasherbrum II geholt. Nach Ankunft im Basislager, nach häufigem Auf und Ab und mehreren Nächten über 6000 Meter sind wir Mitte Juli endlich bereit für den Gipfel. Unser Lager 1 über dem wild zerrissenen Bruch des Südlichen Gasherbrumgletschers ist vollständig ausgebaut und gleicht einem vorgeschobenen Basislager. Lager 2 steht sicher in einer großen windgeschützten Nische in mehr als 6500 Meter Höhe über der so genannten Banane, einer gekrümmtem Firn- und Eisschneide ähnlich dem Biancograt. Schneefall und schlechtes Wetter, aber auch persönliche Probleme wie Magen-Darm-Erkrankungen, Höhenprobleme oder ganz allgemeine Schlappheit haben uns immer wieder aufgehalten. Trotzdem ist unsere Stimmung nie gesunken. Wir haben nie das Handtuch geworfen, und so erfüllt sich zwischen dem*

Bild oben links: *Auf dem Weg zum ersten Hochlager über unseren Köpfen die Gipfel von Gasherbrum IV, III und II (von links).*

Bild oben rechts: *Kurz über dem zweiten Hochlager. Hier beginnt der lange Marsch in Richtung Gipfel.*

*14. Juli (Aufbruch aller am Basislager) und dem 24. Juli (Rückkehr der letzten von oben) für fünf aus unserer Mannschaft das, was man bei Bergsteigern einen Lebenstraum nennt.*

*Am 17. und 18. Juli, beim ersten Gipfelversuch, gelingt unserer Spitzengruppe das Glanzstück. In harmonischer Zusammenarbeit mit Bergsteigern einer bulgarischen und einer mexikanischen Expedition sowie zwei Italienern, die sich später dem Gipfelgang anschließen, versehen Heinz Wittmann, Gunthi Schmieder und Jan Bracker die steilsten Passagen der Route mit fixen Seilen, errichten Lager 4, legen die Spur zum Gipfel und stehen als erste Gruppe des Sommers 1992 an der höchsten Kante des Gasherbrum II. Verdienter Lohn für knochenharte Arbeit über 7000 Meter …«*

## Der Erfolg

Als wir nach einer Woche Anmarsch im Basislager auf der Moräne nördlich des Abruzzigletschers ankamen, trafen wir den Weltklassebergsteiger Krzysztof Wielicki. Er lachte über Jan und über mich, zwei Flachländer aus Hamburg in einer Achttausender-Expedition. Krzysztof nannte uns ziemlich respektlos »Fischköpfe-Expedition«! Als der Sommer vorüber war, lachten wir. Krzysztof war für den Hidden Peak gekommen und fuhr ohne Gipfel nach Hause. Wir gehörten zu den erfolgreichsten Mannschaften der ganzen Saison! Ich sehe Wielicki mit seinem breiten Schnauzbart heute noch sehr oft. Seine große Hidden-Peak-Postkarte mit seinem Bild von 1992 hängt zusammen mit den Bildern von den anderen Karakorum-Achttausendern über meinem Arbeitstisch. Auch sie ist ein Stück Erinnerung.

Max, Sepp und ich stiegen über die Lager 2 und 3 zu unserem Gipfellager in 7400 Meter Höhe auf. Dabei war ich in der Nacht am Lager 2 dem Wahnsinn nahe. In der Nähe des Lagerplatzes hatten wir einen alten Abfallhaufen gefunden, vermutlich aus dem Jahr davor oder schon älter. Er war nicht sehr weit von unserem Zelt entfernt. Dort lagen ausgeapert einige alte Konservendosen. Sie waren ungeöffnet und ohne Etikett. Niemand kannte ihren Inhalt. Der Platz war beliebter Treffpunkt großer Kolkraben. Ich hatte nicht gewusst, dass sie bis in so große Höhe fliegen können. Einer

von ihnen versuchte in dieser Nacht voller Neugier eine dieser Blechbüchsen mit seinem kräftigen Schnabel zu knacken. Ich bekam kein Auge zu. Tock, tock, tocktock, tock, tocktock …

Am übernächsten Tag trafen wir auf unsere erste Gruppe. Sie kamen nach ihrem Gang zum Gipfel von Lager 4 herunter. Jans dünne Beine knickten im weichen Schnee immer wieder ein, wie bei einem jungen Fohlen, Heinz und Gunthi standen die achttausend Meter in die Gesichter geschrieben, aber sie machten einen guten Eindruck. Ich freute mich über ihren Erfolg und wusste unseren Junior bei ihnen in guten Händen. Kurz darauf ging es für uns »um die Wurscht«.

*»… Zwei Tage später ist unser Tag. Doch schon wenige Meter vom letzten Lager in 7400 Meter Höhe entfernt begreifen wir, dass wir es nicht leichter haben werden als unsere Freunde zwei Tage vorher. Neue Schneefälle haben die alte Spur fast gänzlich verschwinden lassen. Sepp Hasholzner, Max Wallner und ich, wenige Tage zuvor mit Hilfe unseres Kochs und eines spanischen Arztes von einem Hexenschuss genesen und endlich wieder beweglich, wühlen durch den frischen Schnee. Es wird Sepps großer Tag. Was der Sechzigjährige an diesem Tag alles leistet, ist einmalig. Aber es ist auch Grund zur Eile geboten. Beinahe unmerklich ist das Wetter umgekippt. Jetzt schiebt sich eine große Monsunwolke von Indien herüber. Noch ist die Luft warm, aber um den dreieckigen Gipfelaufbau ziehen dichte Wolken. Der Chogolisa gegenüber ist noch zu erkennen, aber der Masherbrum weiter draußen ist schon eingehüllt. Die Sicht bei uns ist oft weniger als dreißig Meter, dann reißt es wieder auf. Wir haben schwer zu kämpfen, nicht nur mit der dünnen Luft. Es gibt für uns nur das ›Heute‹. Der Regel nach wird das Wetter morgen noch schlechter sein. Dann müssen wir hinunter. Und noch einmal werden wir so weit nicht hinaufsteigen. Während der nächsten Stunden frage ich mich immer wieder: Hält die Natur diesen einen Tag für uns noch still? Werden wir den Gipfel erreichen?«*

Ich hatte als einziger in 7400 Meter vernünftig geschlafen und am Morgen für alle gekocht, aber Sepp Hasholzner war an diesem Tag in der Form seines Lebens. Vielleicht hat er aber auch an

Bild oben links:
*Wie weit noch? Zaghafter Blick in die Höhe. Im Hintergrund die Gipfelpyramide des Hidden Peak.*

Bild oben rechts:
*Nur mittelprächtiges Wetter am Gipfeltag. Mühsame Querung unter der Gipfelwand in 7600 Meter Höhe.*

*Sonnenuntergang in 7000 Meter Höhe. Im Hintergrund die Gipfelpyramide des Chogolisa.*

jenem 20. Juli 1992 gespürt, dass es seine letzte Chance für einen so großen Gipfel war. Im Sommer 1992 wird er der zweitälteste Mensch, der bis zu diesem Zeitpunkt einen Achttausender besteigt, der älteste im Karakorum. Für mich läuft dieser Tag schlecht, ich bekomme im Laufe des Tages keinen Bissen hinunter, keinen Schluck Tee. Immer wieder von allen »Geistern der Höhe Achttausend« gequält, steige ich weiter, weiter, weiter …

Es gibt Tage oder Augenblicke im Leben, auf die man nicht verzichten will.

*»Ich brauche elf Stunden für die letzten 600 Höhenmeter. Als Letzter unsere*

*Truppe, schon spät am Tag, bin auch ich am Ziel: Ich kriege auf den letzten Metern zwar kaum noch Luft und schaffe zusammenhängend nicht mehr als drei Schritte, bevor ich stehen bleiben muss – aber das sind die letzten Schritte zum Gipfel. Als es Nachmittag wird, stehe auch ich auf einem der höchsten Berge der Welt. Am Gipfelgrat kräuselt der Wind ganz leicht den Schnee, und vor meinem Bauch steckt ein kleines rotes Papierfähnchen in der Wechte. Julio und Valentina, unsere italienischen Freunde aus dem Basislager, haben es vor zwei Tagen als ein Zeichen ihrer Besteigung an dieser Stelle zurückgelassen.*

*Durch eine fast geschlossene Wolkendecke in über 9000 Meter Höhe drängt sich nun ganz zaghaft die tief stehende*

*Nicht immer schien die Sonne. Wolken umhüllen Gasherbrum III und IV.*

*Sonne. Drüben, als gehörten sie nicht mehr zu dieser Welt, stehen der Broad Peak und der K2. Tief unter mir sind die kleinen Berge Sinkiangs wolkenverhangen, aber ich sehe in das Shaksgamtal und auf das rötliche Braun der endlosen Moränen dort unten. Hinter mir, nur eine Winzigkeit höher, fast schon in Grau gehüllt und von einer Wolke am Gipfel gekrönt, der Hidden Peak, 8068 Meter. Aber jetzt, wo alle Mühen vorüber sind und der Gipfel des Gasherbrum II zumindest für einen Augenblick mir gehört, habe ich fast keinen Blick mehr dafür. Schlagartig setzt bleierne Schwere und Müdigkeit ein, und in mir wächst eine entsetzliche Leere. Sepp ist bereits vor meinem Kommen wieder abgestiegen, und so bin ich allein, ohne einen Gipfelgefährten. Sicherlich einer der einsamsten Augenblicke in meinem Leben. Der Kopf arbeitet konfus, und die Hände wissen nicht, was sie zuerst machen sollen. Es dauert einige Momente, dann habe ich mich wieder. Große Angst, von hier oben nicht rechtzeitig wieder herunterzukommen, treibt mich zur Eile. Mit äußerster Sorgfalt schließe ich die Daunenjacke, prüfe Handschuhe und Gamaschen. Ja – es ist alles in Ordnung. Vorsichtshalber schlüpfe ich in meine Überhose, denn in der schattigen Ostseite des Berges ist es jetzt empfindlich kalt. Dann steige ich, ohne einen Blick zurück, den steilen Schneehang am Ostgrat wieder ab. Hinunter geht es schneller. In zwei Stunden werde ich am Lager sein. Ein Traum liegt hinter mir.«*

## Schattenseiten

Wir waren im Sommer 1992 eine glückliche und fröhliche Truppe, wie fast jede Achttausender-Mannschaft, die viele Teilnehmer ganz nach oben

*Wenig höher als der Gasherbrum II und von einer Wolke am Gipfel gekrönt: der Hidden Peak, 8068 Meter*

*Kein Achttausender-erfolg ohne Gipfel-party. Feier im Basis-lager.*

bringen konnte. Heute, ein paar Jahre danach, ist mir die »Höhe Achttausend« so weit weg wie Sibirien oder Madagaskar. Ich war inzwischen noch auf ein paar Siebentausendern und einige Male ganz knapp darunter, aber ob ich noch einmal so hoch wie am Gasherbrum II oder vielleicht sogar höher hinaufsteigen werde? Niemand weiß, was morgen ist – und ich sehe heute viele Dinge nicht mehr so euphorisch wie im Sommer 1992. Die Sehnsucht nach diesen großen Bergen im Herzen Asiens ist geblieben, ich möchte dort hin, wieder dort unterwegs sein – aber das Ganze, »die Passion Expeditionsbergsteigen«, hat einiges an Glanz verloren. Es gab auch dunkle Seiten.

Am dritten Lager in 7000 Meter Höhe lag 1992 ein Toter. Er gehörte in jenem Sommer zum Gasherbrum II, er war einfach da, und unser Zelt stand zwangsläufig nicht weit davon entfernt. Der kahle Schädel ragte aus dem Schnee, das Gesicht war gnädig dem Berg zugewandt. Dort, wo einmal der Hals gewesen war, erkannte man noch einen Anorak, der Rest war in einen blauen Sack eingewickelt und fest verzurrt. Das ganze Paket war am Boden festgefroren. Niemand wird ihn hier oben je richtig bestatten, geschweige denn aus dieser Höhe bergen. Was da lag, waren die Reste eines Menschen, der nichts anderes gewollt hatte als wir: den Gasherbrum II besteigen. Aber was sollte ich tun? Es fehlte mir der Mumm, um das, was dort lag, mit dem Eispickel vom Berg zu lösen und in die Tiefe zu befördern. Wem hätte es auch genützt?

»24,8 Prozent aller Todesfälle geschehen zu Hause«, las ich kürzlich in einer Werbung. Sicher ein Grund, nicht vor dem Fernseher zu sitzen, Chips zu knabbern und an einem Herzinfarkt zu sterben. Tote in den Bergen wird es immer wieder geben, zwischen dem Wank und dem Wendelstein in den Bayerischen Voralpen genauso wie an den großen Bergen. Darüber sollte sich jeder Alpinist im Klaren sein. Doch das Restrisiko beim Klettern und Höhenbergsteigen im Karakorum und im Himalaya bleibt groß – größer als sonstwo auf der Welt. Lawinen, das schnell wechselnde Wetter, Jetwinde und die Gefahr der großen Höhe sind nur einige Faktoren. Jeder muss die Sache mit dem Risiko vor einer Expedition mit sich selbst ausmachen, vielleicht noch mit seiner Familie. Und dass Leichen in großer Höhe unbestattet liegen bleiben? Letzten Endes sind sie Teil des großen Gebirges geworden.

## Umweltschäden

Aber die anderen Probleme, die unsere Leidenschaft Expeditionsbergsteigen mit sich bringt, sind nicht zu übersehen. Gewiss, wir geben den Menschen in diesen Regionen für eine Weile Arbeit und Geld. Unter Umständen bedeutet das bescheidenen Wohlstand.

Der Tote am Lager III.

Aber – so vorsichtig wir auch immer sind – wir hinterlassen Spuren in der Natur! Und die kann niemand übersehen, leider. Sicher, das Umweltbewusstsein der Alpinisten aus der ganzen Welt und das der Verantwortlichen in Pakistan ist gewachsen, aber die Verhältnisse im großen Gebirge haben sich nicht entscheidend verbessert. Nicht nur auf dem »höchsten Zeltplatz der Erde«, auf dem Südsattel des Mount Everest in fast 8000 Meter Höhe, finden wir heute Zeltreste, Expeditionsabfall und leere Sauerstoffflaschen. Die Müllberge entlang der Anmarschroute und im Bereich der Basislager unter den Achttausendern des Karakorum haben inzwischen ebenfalls erschreckende Ausmaße angenommen. Doch nicht nur Bergsteiger aus aller Welt, sondern ganz besonders das pakistanische Militär, wegen des Kashmirkonflikts mit Indien in der Nähe der Achttausender und entlang des Baltorogletschers stets präsent, hat entscheidend zum katastrophalen Zustand einiger klassischer Anmarschlager beigetragen. Pakistanische Agenturen, die für viel Geld Begleitmannschaften mit den ausländischen Expeditionen in das Gebiet des Baltoro Mustagh – und in andere Regionen – entsenden, sind von ihrer Regierung angehalten, Säuberungsaktionen durchzuführen. Doch mit welchem Erfolg?

Noch immer wird übrig gebliebenes Kerosin zum Ende einer Expedition aus Gewichtsgründen nicht von den Basislagern zurücktransportiert, sondern in Gletscherbäche gegossen. Manchmal 20, 30, 50 Liter. Nicht pro Basislager – pro Expedition! Und nicht von den Alpinisten, sondern von pakistanischen Sirdars. Die »Chefs« aller Träger verteilen die Lasten für den Rücktransport, sie lassen alles Unbrauchbare an den Basislagerplätzen zurück, sie verlassen diese Plätze als Letzte und sie kümmern sich auf diese Art um eine »Entsorgung«. Die Alpinisten marschieren mit oder vor den ersten Trägern los, wenn abgebaut und zusammengepackt ist und wenn es nach Hause geht. Mein Freund Gohar Shah, seit vielen Jahren in Pakistan mountain guide, und Sirdar, ein intelligenter, weltoffener Mann, der durch Expeditionen mit Dough Scott, Greg Child und anderen schon seit zwei Jahrzehnten Kontakt zu westlichen Bergsteigern hat, versuchte es 1994 am Fuße des Broad Peak nicht anders. Auf meinen Protest hin wusste er nichts weiter zu erwidern als: »Oh, Sir – sorry, Sir!« Was mir in diesem Augenblick fehlte, war der Zusatz: Wir machen das schon immer so. Er sagte es nicht. Wir verschenkten in diesem Fall unseren restlichen Brennstoff an eine Expedition, die sehr viel später als wir nach Hause ging, aber es war keine glückliche Lösung. Die Verantwortung war damit nur verschoben.

Neben den Agenturen werden aber auch die Expeditionen in die Pflicht genommen. Mindestens 1000 Dollar hinterlegt heute jeder Expeditionslei-

Bild oben links: *Muss das sein? Müllberge entlang der Anmarschroute und in den Basislagern könnten vermieden werden.*

Bild oben rechts: *Sinnvoll! Expeditionsverpackungen aus brennbarem Material.*

ter als Garantie dafür, dass er den Müll seiner Mannschaft aus dem Basislager in die nächste Stadt – in diesem Fall Skardu, in anderen Fällen Gilgit – zurückbringt und dort entsorgt. Er haftet mit seiner Unterschrift. Die »Rules and Regulations« der Regierung Pakistans bestimmen es so für die Gletscherregionen des Baltoro Mustagh und für alle anderen Regionen dieses Gebirges. Diese Vereinbarungen werden in den letzten Jahren in fast allen Fällen eingehalten. Verbindungsoffiziere der Armee, meist keine Bergsteiger und in großer Höhe und im unwegsamen Gelände der Gletscherregionen oft hoffnungslos überfordert, wachen mit mehr oder weniger scharfen Blicken über die Einhaltung dieser vertraglichen Vereinbarungen. Der Rücktransport des Hauptmülls vom Basislager in die nächste größere Stadt scheint somit gesichert. Wo aber bleibt der Expeditionsmüll dann wirklich?

## Positive Ansätze

Unser Aufstieg zum Gasherbrum II ging auch nicht zu Ende, ohne Spuren zu hinterlassen. Auch wir ließen einige Fixseile am Berg zurück; allerdings hatte uns eine spanische Expedition darum gebeten. Unsere »German Gasherbrum-II-Expedition« hat ihren Müll schon im Sommer 1992 zurücktransportiert, obwohl es damals noch keine vertraglichen Vereinbarungen zwischen Expeditionen und dem Ministry of Tourism gab. Natürlich wurde in unserem Team darüber kontrovers diskutiert. Selbstverständlich redeten wir über die Kosten und über Grundsätzliches. Letztendlich war die große Gletscherspalte für uns als Müllablagerungsplatz nicht akzeptabel. Die jüngere Generation wusste die ältere schnell zu überzeugen, wir fanden einfache Lösungen. Sofern nicht Solarladegeräte und Kleinakkus für die Stirn- und Taschenlampen benutzt wurden, gab es aus unseren Vorräten nur dann neue Batterien, wenn die alten abgeliefert wurden. Es gab sozusagen einen Austausch. Die leeren Mignonzellen und Blockbatterien gingen verpackt nach Europa zurück. Mehr noch – wir haben unseren Müll dort oben getrennt. Unsere nutzlos gewordenen, äußerst stabilen seewasserfesten Transportkartons vom Wellpappenwerk in

Neuburg an der Donau, in denen wir Verbrauchsmaterial wie beispielsweise Lebensmittel herangeschafft hatten, wurden an unsere Träger verschenkt. Zusammengefaltet nahmen sie dieses »Kleinod« mit in ihre Hütten und Häuser. Den ganzen langen Weg über den Gletscher! Die wenigen überflüssigen Schachteln wurden zusammen mit Papier und einfachen Verpackungen verbrannt. Spezielle Tüten von Bergsteigernahrung aus Aluminiumfolie, Plastik und Dosen wurden wochenlang in einem Blechcontainer gesammelt. Ein ausgewählter Träger brachte diese Metallbox verschlossen bis nach Skardu zurück. Abgesperrt, damit sie nicht unterwegs als unnützer Ballast ausgeleert wurde. Diese Trägerlast war auf dem gesamten Rückmarsch »top secret«, sie war das Geheimste, was wir zu transportieren hatten. Einige unserer Träger mögen sich über ihren Inhalt nächtelang den Kopf zerbrochen haben. Wir brachten diese Box nach Skardu, das Ergebnis war ernüchternd: Als wir einen Augenblick lang nicht aufpassten, warfen ein paar Pakistani nach Öffnung des Containers den gesamten Inhalt in den Indus!

Diese Trägerlast war »top secret«. Unsere Metallbox auf dem Weg nach Skardu.

## Der Abstieg

Zurück in große Höhe und zum 20. Juli 1992. Nach wenigen Metern des Abstiegs denke ich an die Methode, mit der Peter Habeler sich den Abstieg vom Everest erleichtert hat. Nachdem er zusammen mit Reinhold Messner 1978 den Mount Everest zum ersten Mal ohne Flaschensauerstoff bestiegen hatte, meldeten Tageszeitungen später, er sei im Gipfelbereich mit einer Lawine abgegangen. Das war falsch. Um schnell aus der Höhe herunterzukommen, rutschte er einfach auf dem Hosenboden über einen Teil der Gipfelflanke ab.

Ich komme in 8000 Meter Höhe auf die gleiche Idee. Nach wenigen Metern habe ich mit meiner glatten Überhose aber schon ein solches Höllentempo drauf, dass ich die Kontrolle verliere. Nicht jeder ist ein Peter Habeler! Ich versuche zu bremsen, doch das macht alles nur noch schlimmer. Ich überschlage mich zweimal. Zum Glück lande ich im weichen Schnee und komme sofort zum Stehen. Wäre mir etwas passiert, hätte mir dort oben niemand mehr helfen können.

Der Rückweg mit der Querung unter der Gipfelwand ist auch bergab sehr mühsam. Der Wind hat unsere Spur vom Vormittag schon wieder zugeweht. Als Lager 4 in Sichtweite kommt, bin ich froh, aber gleichzeitig unendlich erschöpft. Der Traum ist vorbei. Ich komme an diesem Tag als Letzter vom Gipfel herunter, doch weiß ich in diesem Moment mit absoluter Sicherheit einen Teilnehmer der bulgarischen Expedition hinter mir, mit dem ich mich bereits beim Anmarsch zum Basislager angefreundet hatte. Es ist Minko.

»Dass dieser Schurke nicht ein einziges Mal vorangeht, um mir im tiefen Schnee beim Spuren zu helfen«, geht es mir durch den Kopf. Ich bin zornig, doch als ich mich umdrehe, um »ihn« darauf anzusprechen, ist natürlich niemand da. Es war nur ein Augenblick, die Zeitspanne eines Gedankens, aber es war ein typischer »Sekundenaussetzer«. Das ist nichts Ungewöhnliches. Jener »unsichtbare Begleiter« spukt durch viele alte Himalayageschichten; schon Hermann Buhl und andere Achttausendermänner wussten von ihm zu berichten. Nun hat es also auch mich erwischt, für einen kurzen Moment zwar nur. Diese kurzen Aussetzer bei anhaltendem Sauerstoffmangel und bei gleichzeitiger starker Belastung sind offensichtlich ganz normale Reaktionen des menschlichen Körpers, vielleicht mit dem Sekundenschlaf zu vergleichen, der Autofahrer bei absoluter Übermüdung befällt und gegen den sie völlig machtlos sind.

Ich war mit dieser Erscheinung in unserer Expedition kein Einzelfall. Sepp erzählte mir noch während unserer Rückreise von zwei ähnlich nachdenklich-amüsanten Begebenheiten. Oberhalb der Scharte, in etwa 7700 Meter Höhe, hatte er mit Max gesprochen. Der schaute zum Hidden Peak und schüttelte wieder und wieder ungläubig den Kopf: »Dass der K2 so nahe am Gasherbrum II steht ...«

Aus unserer Position betrachtet steht der K2 im Norden, der Hidden Peak im Süden. Vom Gasherbrum II gesehen ähnelt der Hidden Peak in seiner Pyramidenform dem K2, wenn man ein wenig die Phantasie spielen lässt. Max blickte in die falsche Richtung! Geographisch sonst immer sicher, hatte er während einer kurzen »Schnaufpause« zwischen den großen Bergen einfach für eine Sekunde die Orientierung verloren. Als Sepp später im Nebel den Sichtkontakt zu Max verlor und sich Sorgen um ihn machte, fiel ihm die Lösung prompt ein: »Ach, der Max ist ja auf der anderen Seite des Berges – und fährt Ski!«

Wie auch immer, ich kam auch ohne die Hilfe des nicht vorhandenen Bulgaren in unserem höchsten Lager an – und war fix und fertig!

Der erste Funkkontakt aus 7400 Meter Höhe mit unserem Basislager wurde von Heinz Wittmann auf Tonband festgehalten und ist heute ein historisches Dokument. Wenige Sätze vom Nachmittag des 20. Juli 1992 seien hier wiedergegeben:

Gunthi: »Lager eins ruft Lager vier, bitte kommen! Wie geht's?«

Max: »Wir haben Probleme mit dem Kocher!«

Gunthi: »Ihr habt Probleme mit Jans Kocher? Uns interessiert ganz was anderes, wie war's, was ist los?«

Max: »Ein weiter Weg. Ihr habt Sonne gehabt und wir Nebel.«

Gunthi: »Was heißt das im Klartext?«

Max: »Was ist denn Klartext?«

Gunthi: »Wir wollen endlich wissen, wie es am Gipfel war.«

Max: »Neblig. Das heißt, beim Rollo, ganz zum Schluss hat's nochmal aufgemacht.«

Gunthi: »Wir haben euch beobachtet beim Runterweg, dann warst du mit dem Sepp zusammen und der Rollo ist nachgekommen. Ist das richtig?«

Max: »Das ist richtig, ja.«

Gunthi: »Jetzt lasst euch alle erst einmal recht herzlich gratulieren!«

Gunthi: »Max, letzte Frage. Geht's euch allen gut?«

Max: »Ja, nur der Rollo möchte dauernd kotzen, aber das darf er im Zelt nicht.«

Gunthi: »Wir wünschen ihm gute Besserung. Wie geht's Sepp?«

Max: »Dem Sepp geht's ja ganz gut! Nur stinkt ihm, dass kein Bier hier oben ist!«

Der Abstieg vom letzten Lager war dann allerdings eine Geschichte für sich. Wir schliefen ein zweites Mal in 7400 Meter Höhe, und wie ich es erwartet hatte, wurde das Wetter am folgenden Tag richtig schlecht. Gunthi meldete sich noch einmal mit dem Funkgerät von unten und sprach mit Besorgnis über das Wetter und dass »es oben ganz zugemacht« hätte. Gerade noch rechtzeitig machten wir uns auf den Weg. Mein Abseilachter und mein Schraubkarabiner verschwanden während des Zusammenpackens im tiefen Pulver und waren unauffindbar. Zum Glück hatte Sepp einen Karabiner in Reserve, der Abstieg entlang der Fixseile »ohne alles« wäre für mich sonst zu einem unkalkulierbaren Wagnis geworden. Es war so schon schwer genug. Als wir das Ende der fixen Seile zwischen Lager 4 und Lager 3 erreichten, war es mit der Orientierung vorbei. Wir steckten in der dicksten »Suppe«, von unserer Aufstiegsspur nicht das Geringste mehr zu sehen! Als es für einen Augenblick aufriss, sah ich rechts den Gasherbrum III, dann machte es wieder zu. Ohne auf die Einwände meiner Begleiter zu hören, ging ich über das sanft geneigte Plateau weiter abwärts. Ich hatte durch das Wolkenloch

»maßgenommen«. Ich ging vielleicht noch ein paar hundert Meter, spürte ohne Sicht eine winzige Gegensteigung, eine Bodenwelle und – da war das große Zelt der Spanier, das wir für eine Nacht »besetzt« hatten, um unsere Lücke zwischen Lager 2 und Lager 4 zu schließen. Die Spanier schliefen in jener Nacht weiter unten in unserem Zelt und ließen es sich nicht nehmen, an diesem Sturmtag weiter aufzusteigen. Wir hielten sie für verrückt, bei diesem Wetter einen Vorstoß in Richtung Gipfel zu unternehmen, doch sie hielten Wind und Kälte auch noch in 7400 Meter aus, und wenige Tage nach uns standen auch sie auf dem »Leuchtenden Berg«.

Die Rückkehr bis ins Basislager war hart. Der Gletscherbruch zwischen Lager 1 und unserer »Heimatmoräne« war in der Woche, in der wir uns oben aufgehalten hatten, an vielen Stellen auseinander gebrochen, bekannte Übergänge über große Gletscherspalten waren ganz einfach verschwunden. Wir kämpften uns durch, so gut es eben ging. Als mich Heinz und Gunthi schließlich eine halbe Meile oberhalb unseres Lagers auf der Moräne auflasen, liefen mir Tränen übers Gesicht. Von Gipfelglück war keine Rede mehr. Meine Energie für diesen Sommer war aufgebraucht.

Als es ganz weit oben am Gipfeltag für einen Moment Sicht gegeben hatte, hatte ich in alle Windrichtungen fotografiert. Ich sollte mich erst zu Hause konkret daran erinnern, als die Bilder vor mir lagen. Zwischendurch hatte ich es einfach vergessen. Vielleicht dachte ich dort oben aber auch nur an ein gegebenes Versprechen? Auf der Nordseite, am Fuß des Berges, wusste ich eine Expedition aus Tarragona, Bergsteiger von der Iberischen Halbinsel, und meinen Freund Kurt Diemberger. Sie versuchten erstmals den Broad Peak von Sinkiang aus zu besteigen, die Expedition »Fem Tarragona«, von der schon die Rede war.

Kurt und ich hatten uns 1992 vor der Abreise noch getroffen, und er hatte mich gebeten, viele Bilder von ganz weit oben mitzubringen, Blicke in chinesische Täler, auf Gletscher und möglichst nach allen Seiten. Ich tat es. Vielleicht plante Kurt zu dieser Zeit schon für später, ich weiß es nicht. Aber dass ich genau dort unten zwei Jahre danach mit ihm zusammen unterwegs sein sollte, um auf der unbekannten Seite vorher nie erreichte Plätze zu betreten – davon hatte ich in diesem Augenblick ganz sicher nicht einmal geträumt. Manchmal kommt alles anders, als man denkt …

*Das Licht eines vollen Mondes in der Westwand des Gasherbrum IV.*

# BROAD PEAK

## DIE KEHRSEITE
## DER MEDAILLE

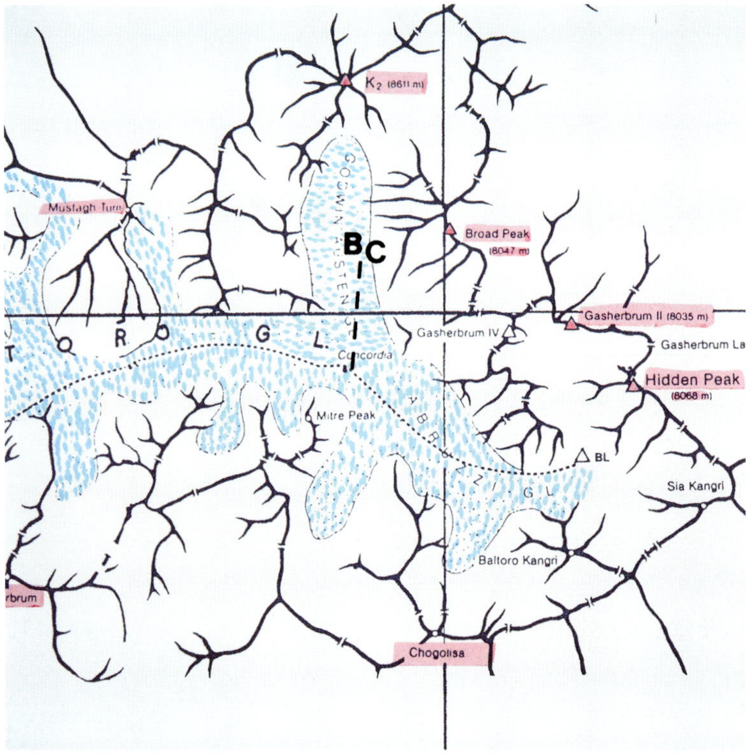


*Kartenausschnitt vom Concordiaplatz. Hier liegt das Basislager des Broad Peak.*

Im Alter von 24 Jahren hatte ich einen schweren Brandunfall, von dessen Folgen mich nur die intensiven Bemühungen der Ärzte des Hamburger Hafenkrankenhauses und meine stabile Physis retteten. Nachdem ich fast vollständig wiederhergestellt war und den tieferen Sinn des Satzes »Das Leben ist kurz, und nur der Tod dauert ewig« begriffen hatte, begann ich mir nach und nach die Welt anzusehen. Zuerst im Kleinen; später zog es mich in die Alpen, nach Afrika, Südamerika und immer wieder nach Asien. Bergsteigen und Klettern kamen erst später dazu, denn leider ist meine Geburtsstadt einer der ganz wenigen nahezu vollkommen flachen Plätze auf dieser Welt. Nimmt man es ganz genau, begann zu jener Zeit ein neuer Lebensabschnitt, ein »zweites Leben«. Sieht man die Sache philosophisch, so könnte man sagen, ich habe in den vergangenen 20 Jahren mit geborgter Zeit gelebt.

Bis heute bin ich immer wieder als Reiseleiter unterwegs, ein Beruf, den ich selbst gewählt habe, denn von Haus aus bin ich Elektrotechniker. Am liebsten bin ich Reiseleiter für große Trekkingtouren oder für Fahrten mit hohen Gipfeln, für die es immer noch keinen sinnvolleren Ausdruck gibt als »Expedition«.

## Warum Broad Peak?

Der Münchner Veranstalter, für den ich reise, hatte im Jahr 1994 ein rundes Geschäftsjubiläum. Wir wollten etwas Besonderes bieten. Schon im Herbst 1993 fragte man mich, ob ich nicht Lust hätte, die Fahrt zum Gasherbrum II als ein Programm für Kunden zu wiederholen. Es war die Frage eines Theoretikers, und es kostete mich nur einen Augenblick Zeit, mich zu entscheiden. Ein Lächeln muss über mein Gesicht gehuscht sein, dann folgte ein energisches Kopfschütteln. Innerhalb von drei Sommern zweimal auf den gleichen Achttausender hinaufsteigen? Nein, so etwas mache ich nicht. Es gibt zu viele große Berge und zu viele schöne Plätze auf der Welt!

Aber über diesen kleinen Umweg bin ich zum Broad Peak gekommen. Die Anreise und der Anmarsch ähnelten dem Weg von 1992 sehr. Von Rawalpindi auf dem Karakorum-Highway und weiter von Skardu nach Askole und über den Baltorogletscher bis zum Concordiaplatz traf ich viele bekannte Gesichter. Dort wo die Gletscher zusammenfließen, schwenkten wir nicht nach Südosten in Richtung Abruzzigletscher ab, sondern wanderten direkt nach Norden, über den flachen Godwin-Austen-Gletscher. An der Westseite des Broad Peak sollte in 4800 Meter Höhe unser Basislager stehen, und Ziel war es, die Route der Erstbesteiger von 1957 über den Westsporn zu wiederholen.

Aber 1994 war vieles anders, es war ein wilder Sommer. Von 61 Expeditionen, die sich angemeldet hatten, kamen 51 tatsächlich nach Pakistan. 37 von ihnen zogen zum Baltoro Mustagh, der Rest verteilte sich weiträumig auf den Nanga Parbat, den Hispar Mustagh, die Rakaposhi- und Luphkar-Kette, den Batura Mustagh und den Hohen Hindukusch.

## Reiseleiter – ein hartes Brot

Zwei Sommer zuvor waren wir eine Expedition von Freunden, jetzt war ich »Häuptling« eines bunt zusammengewürfelten multinationalen »Haufens«. Wir sollten erst Freunde werden! Die Teilnehmer kamen aus Österreich, Mexiko, Südtirol, Deutschland und Pakistan, und die Verständigungsschwierigkeiten, die wir hatten, waren nicht nur sprachlicher Art. Gewisse Lebensgewohnheiten und Mentalitäten auf dieser Welt passen einfach – auch kurzzeitig – nicht zusammen. Gerade dann nicht, wenn es um einen großen Gipfel geht, der die volle Konzentration, allen Willen und alle Kraft fordert. Zudem waren einige dabei, die zum ersten Mal auf einen Himalayagipfel steigen wollten. Einmal ist immer das erste Mal – aber gleich auf einen Achttausender? Sie hatten sich viel

*Der Westsporn des Broad Peak. Über ihn verläuft die Route der Erstbesteigung von 1957.*

vorgenommen – doch nicht jeder ist ein Kurt Diemberger.

Carlos Carsolio kam als Profi. Er hatte zu diesem Zeitpunkt schon acht Achttausender bestiegen und kannte den Himalaya, den Karakorum und die halbe Welt. Für andere wiederum war es die erste Reise in das zentrale Asien überhaupt, und es wurde falsch gemacht, was nur falsch gemacht werden kann.

Unsere Anreise in den Norden Pakistans führte durch Städte und Dörfer. In diesen Dörfern und Städten gibt es Märkte und Bazare, und auf Bazaren gibt es immer Salat, Gemüse und frische Früchte. Wir sahen Äpfel, Aprikosen, Mangos und Melonen. Einigen hatten es die Melonen besonders angetan, und auch gegen mein dringendes Abraten aßen sie hier und auch im Hotel nach dem Abendessen ein halbes Dutzend großer Stücke. Am liebsten so viel wie auf den Tisch kam. Dafür verbrachten sie dann die meiste Zeit ihres Bergurlaubs hockend hinter einem Stein – oder wo immer es nur

*Das Problem: Melonenscheiben auf dem Markt von Chilas.*

ging. Toilettenpapier wurde zur heiß begehrten Mangelware.

Wir diskutierten viel über die Ursachen dieser Verstimmung. Die Melonen, so die Meinung fast aller, könnten es nie und nimmer gewesen sein. Diese Früchte hätten doch eine dicke Schale, und essen würde man doch nur das Innere. Das Geheimnis: In Asien legen Händler Melonen gern und lang ins Wasser, egal ob schmutzig oder sauber. Zum einen zur Kühlung, zum anderen ziehen die Früchte dann, zu Nutzen und Frommen des Verkäufers, noch reichlich Flüssigkeit, nicht immer nur saubere! Einige unserer Expeditionsteilnehmer hatten bei der Ankunft im Basislager schon bis zu sechs Kilogramm abgenommen. Von »leistungsfähig für einen Achttausender« konnte nicht mehr die Rede sein.

Ein anderes Problem betraf mich ganz persönlich. Wir hatten während dieser Expedition keinen Arzt dabei, und so war es meine Aufgabe, nicht nur unsere Mannschaft, sondern auch unsere Baltiträger so gut es ging medizinisch zu versorgen. Die Männer, die mit den Expeditionen Sommer für Sommer den Baltorogletscher hinauf- und hinunterlaufen, sind voll von kleinen und kleinsten Verletzungen, und sie bitten immer wieder um Hilfe. Diese erwachsenen Männer sind oft wie Kinder, und das Desinfizieren von Wunden und das Aufkleben von Pflastern ist bei den Baltoro-Märschen Tradition. Mehr noch – es sorgt für gute Stimmung in der Truppe, und ich kenne keinen Expeditionsleiter, der bei guter Betreuung jemals einen ernsthaften Trägerstreik gehabt hätte. Ich bin kein Arzt, aber ich habe mir für meine Expeditionen eine ganze Reihe medizinischer Kenntnisse angeeignet, sozusagen das »ganz kleine Einmaleins der Unterwegsmedizin«, und ich weiß es bis heute umzusetzen. Immer dann, wenn unsere Träger mit einem Problem zu mir kamen, verschwand ich für einen Augenblick in meinem Zelt, zog meinen weißen pakistanischen Anzug an – und wenn ich dann aus dem Zelt trat, dann hielten sie mich für einen leibhaftigen Doktor und kamen zu mir in die »Sprechstunde«.

Zuerst kam einer für Augentropfen. Er brachte fünf weitere mit, die ganz genau beobachteten, was ich denn da mache. Tropfen zu geben ist einfach, meine ärztlichen Fähigkeiten sprachen sich schnell herum. Am nächsten Tag kamen fünf in die Behandlung, und nur noch einer schaute zu. Zum Ende der Gletscherwanderung kamen dann immer mehr. Am Lagerplatz Concordia versorgte ich nach einem langen Anmarschtag noch 45 oder 50 Träger. Ob alle zu unserer Trägermannschaft gehörten? Ich weiß es nicht. Am Concordiaplatz lagerten mehrere Expeditionen und einige Trekkinggruppen. Unter fleißiger Mithilfe meines Sirdars Gohar Shah klebte ich noch im Schein der Stirnlampe Pflaster, behandelte zerkratzte Flohstiche, gab Kopfwehtabletten und Bonbons, die gegen alles helfen, schaute in entzündete Hälse, schmutzige Ohren und unter zerschundene Füße … Als wir am nächsten Tag das Basislager erreichten, war ich ziemlich platt.

Dort wurden wir mit einer anderen unangenehmen Realität konfrontiert, von der ich vorher schon vage gehört hatte. Das Ministry of Tourism in Islamabad hatte elf Expeditionen die Genehmigung für »unseren« Westsporn erteilt. Mit dabei war eine große Militärexpedition. Wenn meine »Volkszählung« stimmt, tummelten sich 127 Bergsteiger auf der gleichen Route und am Fuß »unseres« Berges. Das waren im Basecamp eines Achttausenders weit mehr Alpinisten, als 1992 in einem Basecamp für zwei große Berge zusammen. Das Kraxeln an den Achttausendern ist populär geworden, die goldenen Zeiten im Himalaya und im Karakorum, mit einer, vielleicht zwei Expeditionen pro Berg oder pro Route sind längst vorbei. Und es ist nicht mehr notwendig, ein erstklassiger Alpinist zu sein – wer genug Zeit und Geld hat, fährt hin. Glücklicher Hans Kammerlander aus Südtirol! Der Weltklassealpinist kam früh in der Saison. Als wir zum ersten Mal Kocher, Funkgeräte und Zelte für die Hochlager sortierten, fuhr er mit den Ski seine letzten Schwünge ab. Als Erster in der Saison 1994 hatte er den Gipfel des Broad Peak erreicht.

Trotzdem war die Stimmung im ganzen Basislager kurz darauf sehr gedrückt. Es hatte einen Toten gegeben. Wenn man allen Erzählungen glauben durfte, war es eine dumme Geschichte. Ein Tscheche – nach der amtlichen Liste des pakistanischen Ministry of Tourism war sein Name Bohuslav Bilex – hatte mit seinem Freund auf der letzten Anmarschetappe vom Concordiaplatz hier herauf eine Art Wettlauf veranstaltet. In der folgenden Nacht war er trotz intensivster ärztlicher Bemühungen und Sauerstoff aus der Flasche im Basislager an einem Höhenlungenödem gestorben. So makaber es klingt: Er hatte elementarste Spielregeln nicht eingehalten.

*Als Doktor am Baltorogletscher. Ein Patient – fünf Zuschauer.*

## Ungünstige Bedingungen

Einige Tage später eskalierte die Situation. Die tschechische Expedition hatte einen zweiten Toten. Alexei Himer war am Lager 2 in 6400 Meter in unmittelbarer Nähe des Zeltes auf eine Wechte getreten und rund 1400 Meter auf den West-Falchan-Gletscher gestürzt. Dabei wurde er in mehrere Teile zerrissen. Gohar Shah konnte die Teile mit dem Fernglas deutlich im Gletscherbecken liegen sehen. Der Anblick war erschütternd. Wenige Tage später brachen die Tschechen ihren Besteigungsversuch ab, packten zusammen und zogen, Gespenstern gleich, über den Gletscher nach Hause. Hatten sie ihren toten Kameraden liegen lassen? Wir wussten es nicht genau, aber wir mussten uns

*Das erste Hochlager am Westsporn des Broad Peak. Es war bei unserer Ankunft bereits »ausverkauft«.*

mit diesem Thema ein paar Tage später auseinander setzen.

Als der Steinschlag im Juli im Einstiegscouloir der Westflanke immer heftiger wurde, versicherten Roland, Walter, Hans und ich eine Abstiegsvariante mit Fixseilen, die vom oberen Ende der steilen Rinne auf den West-Falchan-Gletscher führte. Als wir am Morgen aufbrachen, fiel mir siedend heiß ein, dass auf diesem Gletscher noch der Tscheche liegen könnte. Ich fragte meinen Freund Gohar Shah, ob wir ihm wohl »begegnen« könnten. Er nickte nur stumm. Mir wurde schlecht. Ich verzichtete auf das Frühstück und packte zwei große Plastiksäcke in meinen Rucksack. Wir stiegen durch das Couloir auf, und während wir uns bei den Versicherungsarbeiten dem Gletscher mehr und mehr näherten, war ich auf alles gefasst.

Der Berg war gnädig mit uns. Schneefälle vorangegangener Tage hatten die Leiche möglicherweise zugedeckt. Vielleicht hatten die abrutschenden Schneemassen sie auch in eine Spalte gedrückt. Jedenfalls war sie verschwunden. Wir empfanden die Situation als einen Albtraum und waren froh, als alles vorüber war. Wie sich die Zeiten ändern! Zehn Jahre früher, in einem Lebensabschnitt, den man bei Alpinisten auch gerne Sturm- und Drangzeit nennt, hätte mich eine solche Geschichte nicht im geringsten berührt. Jetzt war ich aus dem Gleichgewicht, nicht mehr im Einklang mit mir und meinen Zielen. Ich bemerkte es während der ganzen Expedition.

## Drangvolle Enge

Die Lagerplätze am Westsporn sind klein und spärlich gesät. Als wir erstmals zum Lager 1 aufsteigen, ist es dort bereits gerammelt voll. Sinnvoll wäre es gewesen, unsere Zelte zunächst hier zu deponieren, bis ein sicherer Platz frei würde. Andere waren anderer Meinung. Sie stellten zwei unserer Zelte unter einen steinschlaggefährdeten Hang. In der folgenden Nacht erfuhren diese beiden blaugelben Kuppeln ein regelrechtes Bombardement. Als wir zum zweiten Mal zum Lager 1 kamen, hatten sie kopfgroße Löcher. Zum Glück hatte während dieser Nacht niemand hier oben geschlafen – aber das Ganze hatte nun zur Folge, dass auch niemand an diesem Platz schlafen wollte.

So stiegen einige sofort vom Basislager hinauf zum Lager 2, 6400 Meter. Das sind rund 1500 Meter und in der Phase der Akklimatisation viel zu viel. Ich ließ mich von dieser Taktik anstecken und lag für einige Tage völlig erledigt im Basislager.

*Das Einstiegscouloir an der Westflanke des Broad Peak.*

Zwei Wochen später. Ich bin endlich an die Höhe angepasst. Zusammen mit meinen beiden Freunden aus Wien, Roland Maruna und Walter Strauß, mache ich einen ernsthaften Gipfelversuch. Jetzt wollen wir es wissen. Doch es ist in diesem Sommer wie verhext. Steinschlag im Aufstiegscouloir, Steinschlag unterhalb von Lager 1. Der Platz dort oben ist inzwischen so ausgeapert, dass die geringste Bewegung eines Bergsteigers oder eine starke Böe eine Steinsalve auslösen kann. Nussgroße Steinchen, zwei, dreimal auf der morgens beinhart gefrorenen Schneefläche unterhalb des Lagers aufgeschlagen, treffen uns wie Geschosse. Wir liegen am Boden, die Rucksäcke über den Kopf gezogen. Unsere Steinschlaghelme liegen am oberen Ende des Einstiegscouloirs, sehr klug! Niemand wagt auch nur einen Blick nach oben, bis es endlich vorbei ist. Wir schwören uns: Heute steigen wir zum letzten Mal zum Lager 2 hinauf, dann ist Schluss!

## Aus der Traum

Auf dem Weg zum Lager 2 bricht Rolands Steigeisen. Es ist zum Verzweifeln! Walter will nur mit Roland gehen, und ich nur mit beiden. Wir warten bei bestem Wetter in 6400 Meter Höhe einen Tag auf den Hochträger einer koreanischen Mannschaft, der uns Reservesteigeisen heraufbringen soll. Noch ist die Zeit nicht knapp. Über Funk haben wir am Abend vorher das Basislager um ein Paar Steig-

Bild links: *Der Alleingänger: Carlos Carsolio aus Mexiko.*

Bild rechts: *Der Rekordmann: Göran Kropp aus Schweden.*

eisen gebeten. Es gab eine lange Beratung. Zwei Modelle stehen zur Verfügung, moderne und altmodische. Ich habe Roland beschworen: »Nimm die einfachen mit der Riemenbindung. Die passen an jeden Schuh.«

Der Hochträger bringt die modernen, sie passen nicht, der Kipphebel an der Ferse lässt sich nicht schließen. Aus der Traum! Noch immer ist das Wetter gut, die Sicht ist klar. Weit draußen, dort, wo die Karakorum-Berge zu Ende gehen und der westliche Himalaya beginnt, sehen wir den Nanga Parbat. Aber am Abend schiebt sich eine Wolke von Indien herüber, ganz sicher ein Ausläufer des Monsuns. Am Morgen beginnt es zu schneien. Vorbei! Das waren unsere Gipfeltage! Jetzt sind wir für den sofortigen Abstieg. Es ist das Beste, was wir machen können, denn nach und nach zieht es jetzt am Broad Peak zu, und es folgt die längste Schlechtwetterphase des ganzen Sommers. Sechs Tage lang nichts als Wolken, Schneefall und Wind. Am K2 sterben in diesem Wettersturz drei Ukrainer und unser amerikanischer Freund Steve Untche, der uns noch wenige Tage zuvor im Lager besucht hatte. Es sollte für ihn ein letzter Versuch am Abruzzensporn sein, dann wollte er nach Hause fliegen und mit seiner Frau unter Kaliforniens Sonne klettern. Es wurde sein letzter Versuch, in einem makabren Sinn.

Wir sind froh, wenn wir während dieser Tage unter der Wolkenschicht wenigstens von Zeit zu Zeit den Concordiaplatz sehen können, und ich bin froh, dass in dieser Phase unsere komplette Mannschaft im Basislager ist. Als sich am siebten Tag der Wolkenvorhang am Broad Peak wieder öffnet, ist »der Kuchen gegessen«. Unsere Zeit ist vorbei, wir müssen zusammenpacken und zurückmarschieren.

## Die Ausnahme

Allein unserem Ausnahmebergsteiger Carlos Carsolio aus Mexiko, der nach Reinhold Messner, Jerzy Kukuczka und Erhardt Loretan als Vierter alle Achttausender besteigen konnte, gelang am 8. Juli 1994 der Aufstieg zum Gipfel. Carlos war bestens vorbereitet aus dem Himalaya nach Pakistan gekommen und hatte sich mit uns in Rawalpindi getroffen. Den Anmarsch machten wir gemeinsam, und gleich nach Ankunft im Basislager stieg er zur Akklimatisation bis ins Lager 3 (7000 Meter). Danach ruhte er im Basislager aus, bereitete alles genauestens vor und stieg allein und auf einer völlig neuen

*Das K2-Basislager auf dem Godwin-Austen-Gletscher.*

Route rechts des Sporns durch die Westflanke zum Gipfel. In über 7000 Meter Höhe kletterte Carlos dabei noch den oberen fünften Schwierigkeitsgrad. Es war sein neunter Achttausender. Doch so glatt es sich auch anhört – ohne ein paar Kratzer ging es selbst bei ihm nicht ab.

Als Carlos im Lager 3 Tee kocht, bläst ihm der Wind den Brenner aus. Sein winziges Zelt füllt sich mit Gas. Als er ein paar Minuten später das Malheur entdeckt und den Kocher erneut starten will, explodiert sein Zelt wie ein Gasballon. Carlos trägt in diesem Augenblick seine Sonnenbrille, wegen der Kälte einen Mundschutz und eine Mütze. Zum Glück! Er sah schlimm genug aus, als er wieder herunterkam.

Nimmt man es genau, so hatte unsere Expedition noch einen zweiten »Gipfelsieger«. Der baumlange Schwede Göran Kropp wohnte für einige Zeit als Gast bei uns im Basislager, nachdem sich seine Expedition nach und nach aufgelöst hatte. In einem ersten Versuch konnte Göran zusammen mit Mats Holmgren aus Schweden und Andrew Lock aus Australien den Vorgipfel erreichen. Danach waren alle noch ein winziges Stück weitergekommen. Für den Hauptgipfel war das Wetter zu schlecht, so dass sie alle wieder abstiegen. Im zweiten Anlauf stieg Göran nonstop hinauf, in zwölf Stunden und ein paar Minuten. Das ist Weltrekord – und alles eine Sache der richtigen Akklimatisation.

Inspiriert durch Görans Alleingang plante ich einen ähnlichen Versuch. Doch zum Ende der Expedition zögerte ich, zauderte und war schließlich froh, als Gohar Shah mich mit Tränen in den Augen bat, unten zu bleiben. »Rien ne va plus« – am Broad Peak ging nichts mehr.

## Ausklang

Zwischen den sich wiederholenden Aufstiegen am Berg hatte ich in einer Ruhepause auch das Basecamp unter dem K2 besucht. Der Platz liegt eine gute Stunde aufwärts auf der gleichen Moräne. Auch hier stand Zelt an Zelt, und es gab hier vielleicht genau so viele Alpinisten wie am Broad Peak. Vom Beginn des Lagers bis zu seinem Ende brauchte ich eine ganze Weile. Ich traf Konishi Hirofumi, einen japanischen Freund von 1992. Wir aßen getrockneten Fisch zusammen und plauderten, in der Sonne liegend, einen halben Tag lang. Es war eine willkommene Abwechslung zum alltäglichen Essensbrei und zur eintönigen Bergsteiger-Plapperei im eigenen Küchenzelt. Ein Jahr später sollten wir uns am Pik Lenin im Pamir wiedersehen. Die Welt der Expeditionsbergsteiger ist klein …

Bevor ich ging, besuchte ich das Gilkey-Memorial, einen Gedenkstein für all die Bergsteiger und Bergsteigerinnen, die am K2 und am Broad Peak ihr Leben lassen mussten. Hier hängen inzwischen viel zu viele Tafeln. Es waren nachdenkliche Momente, und ziemlich nachdenklich traf ich an diesem Nachmittag wieder am Fuß des Broad Peak ein.

Das Wetter blieb bis zum Ende der Expedition gemischt, und sehr gemischt waren wohl auch die Gefühle, mit denen einige nach Hause gefahren sind. Es hatte sich wieder einmal gezeigt, dass sich ein so großer Gipfel auch bei bester Vorbereitung, Ausrüstung und Kondition nur dann besteigen lässt, wenn in der entscheidenden Phase am Berg das Wetter mitspielt.

Ein paar Dinge blieben in meiner Erinnerung besonders haften: Der Italiener Simone Giannuzzi aus dem Aostatal ließ sich im Basislager mit einer groben Zange und ohne Betäubung einen Schneidezahn ziehen – und erreichte einige Tage später den Vorgipfel. Bravo! Für den höchsten Punkt fehlte wohl der letzte Biss; Magda Nos King aus Denver in Colorado sorgte mit ihrer »Garbage Clean-Up Expedition« dafür, dass 800 Kilogramm Basislagerabfall vieler Jahre nach Skardu zurückgeführt wurden. Wir alle waren Magda dafür dankbar. Ganz nebenbei blieb ihr noch Zeit für mehrere Vorstöße in Richtung Gipfel. Mit ihrem Begleiter Ang Furi Sherpa aus Nepal kam sie bis auf 7700 Meter. Doch es sollte nicht sein. Immer dann, wenn diese beiden sich entschlossen aufzusteigen, wurde das Wetter schlecht. Schade – das ganze Basislager hatte diesem außergewöhnlichen Duo den Gipfel gewünscht. Last but not least: Carlos Carsolio nannte mich als Expeditionsleiter – einer alten Himalayatradition folgend – »Bara Sahib«!

## Postskriptum

Osnabrück, zwei Jahre später. Ich bin zu einem Vortrag in dieser Stadt. Er trägt den Titel »Faszination Karakorum«. Ein junger Mann betritt den Vortragsraum, und er ist schwer bepackt. Auf einer Kraxe trägt er einen riesigen Bananenkarton. Ich gehe auf ihn zu und frage ihn scherzhaft, ob das

*Am Gilkey Memorial. Im Hintergrund das markante Trapez des Chogolisa.*

vielleicht die Präsente der Osnabrücker Bergsteiger für mich wären. Es ist November, und ich denke schon an Weihnachten. Der junge Mann hat mich vorher nie gesehen und antwortet: »Äh, öh – nein – das ist für den Rollo Steffens … da ist der Broad Peak drin.«

Der Broad Peak in einem Bananenkarton? Jetzt dämmert es bei mir. Es muss dieser junge Mann gewesen sein, der mich ein Jahr zuvor angerufen und um Bilder vom Broad Peak gebeten hatte, und er hatte sie von mir bekommen. Dafür hatte er mir einen kleinen Broad Peak versprochen. Jetzt ist er fast hundert Kilometer mit dem Zug gefahren, um ihn abzuliefern. Der junge Mann hat den Karakorum nie gesehen, aber er fertigt nach Vorlagen von Karten und Fotografien Reliefs von Achttausendern. Er studiert Geologie, und seine Modelle sind aus Ton. Aus einem ganz besonderen …

So bin ich doch noch zum Broad Peak gekommen. Er wog ein paar Kilogramm und stand lange Zeit bei mir in München, in meinem Bücherregal. Bis er herunterfiel und zerbrach.

# VON MENSCHEN UND PFERDEN

## KURIOSES ZWISCHEN RAWALPINDI UND DEM K2

Bild oben: *Ihm hatte die Expedition viel zu verdanken. Unser Koch Ghulam Haider war immer guter Dinge.*

Bild nächste Seite: *Tatort Urdukus. Der Lagerplatz am gespaltenen Stein war Schauplatz einer »affenartigen« Geschichte.*

Dass es bei Expeditionen nicht immer todernst zugeht und man zwischen den großen Gletschern, hohen Eisriesen und tiefen Schluchten auch witzig-kuriose Geschichten erleben kann, beweisen vielleicht einige kleine Anekdoten, gesammelt in all meinen Karakorumjahren:

Kommen wir noch einmal zurück zum Sommer 1992. Wir wanderten nach unserem Erfolg am Gasherbrum II den Baltorogletscher hinunter. Jetzt spürte ich die Nachwirkungen eines Achttausenders. Jeder Schritt fiel mir schwer. Unser Koch Ghulam Haider ging das ganze lange Stück mit mir, vor mir, neben mir, hinter mir. Seine Nähe tat mir gut.

Am Vortag hatten wir Robert McNamara getroffen. Zu Zeiten von John F. Kennedy war er Verteidigungsminister der USA. McNamara trekkte wie viele andere zum Concordiaplatz, um den K2 aus allernächster Nähe zu sehen. Er hatte uns zu unserem Erfolg am Gasherbrum II beglückwünscht und mir gesagt, ich sähe schlecht aus. Er hatte recht – ich war ziemlich kaputt.

Die Expedition ging zu Ende, Koch Ghulam Haider war stolz und sehr bemüht, »seinen Leader« nun möglichst unbeschadet über die mehrtägige Strecke nach Skardu zu bringen. Sicher hätte er das auch getan, wenn wir weniger erfolgreich gewesen wären. Es entspricht seinem Charakter. Vielleicht hatte ihm Max aber auch zugeflüstert, dass es ein besonders gutes Trinkgeld geben würde, wenn auch zum Ende alles glatt lief. Mehr als einen Kopf kleiner als ich, wollte er mich sogar über Bäche tragen, die vom hochsommerlichen Schmelzwasser angeschwollen waren. Ich wehrte mich erfolgreich.

## m oder d?

Wir passierten Urdukas, den klassischen Lagerplatz am gespaltenen Stein. Ghulam hielt sich nun noch näher bei mir. In der rechten Hand den langen Wanderstab, der ihn überragte, in der linken eine riesige Thermosflasche mit Henkel. Sein brauner Anzug stand vor Dreck, er trug ihn jetzt seit mehr als sechs Wochen, und mehrere Versuche, ihn in einem Gletscherbach sauber zu bekommen, waren gescheitert. Der kleine Mann aus Khapalu im Hushetal bot ein unvergessliches Bild.

»Leader, you must be careful now«, schärft mir Ghulam seit einer halben Stunde ein, »in this area we have a lot of wild monkeys.« Ich solle vorsichtig sein, hier gäbe es jede Menge wilder Affen.

Vermutlich war Ghulam mit uns zu lange zusammen im Basislager in über 5000 Meter Höhe gewesen! Dazu kam die lange Trennung von seiner Familie, die Vereinsamung und der harte Job, sechs verrückte Europäer, die unbedingt auf einen schneebedeckten Berg wollten, einen Offizier und sich selbst zu versorgen …

Eine Horde wilder Affen auf dem Baltorogletscher? Das kann nicht sein, unmöglich! Wir streiten schon seit einer guten Weile darüber, ob monkeys auf dem Gletscher oder im Urwald zu finden sind, und ich mag nicht mehr. Wenn man kaputt ist, geht nicht auch

*Tatort Paiju. An diesem Lagerplatz sollte man sich vor Pferden in Acht nehmen.*

noch ein solch »pakistanisches Affentheater«. Ich beruhige ihn. »Ghulam, it's okay. I am really careful now!« Ich gebe ihm recht, dann habe ich endlich meine Ruhe. Das Thema Affen ist zunächst einmal beendet.

Einige Tage später sind wir in Skardu. Die ganze Mannschaft sitzt im Pioneer-Hotel an einem langen Tisch. Wir feiern, die Stimmung ist ausgelassen. Neben mir sitzt unser Captain Hadi. Plötzlich fällt mir die Diskussion von Urdukas wieder ein, und jetzt möchte ich dieser Sache doch auf den Grund gehen. Ganz vorsichtig frage ich ihn, was das für eine Geschichte mit den Affen sei und ob Ghulam möglicherweise über die lange Zeit da oben ein bisschen den Verstand verloren hätte?

Captain Hadi fragt nun genauer nach, und dann erzähle ich ihm die ganze Story von Ghulam und den Affen auf dem Gletscher bei Urdukas. Er schmunzelt: »I think it's a problem of Ghulam's English!«

Aha, ein Sprachproblem also. Eine Minute später sitzen die zwei Pakistani etwas abseits beisammen. Es beginnt ein reges Getuschel in Urdu, der Landessprache. Inzwischen sind auch alle anderen aufmerksam geworden, denn ich hatte die Geschichte in die Runde erzählt. Alle hängen jetzt an den Lippen von Captain Hadi und Ghulam Haider. Natürlich, wir verstehen kein Wort, aber am Nebentisch wird jetzt gekichert. Augenblicke später naht Ghulam. Gibt es eine Lösung? Ghulam lacht in sich hinein, dann grinst er breit. Man sieht seine braunen Zähne. Er steht vor meinem Stuhl und beherrscht sich jetzt nur noch mühsam.

*Unser Koch Ghulam Haider stellte mich nach einem »Hexenschuss« wieder auf die Beine.*

Ghulam tritt von einem Bein aufs andere, und jetzt presst er es glucksend hervor: »Sorry Sir, sorry – no monkeys, donkeys!« Keine Affen, sondern Esel! Zu den Militärstationen entlang des Baltorogletschers bringen Esel den Nachschub, nicht Affen.

Überhaupt Ghulam Haider! Als ich etwa zur Halbzeit der Expedition von Lager 1 ins Basislager kam, hatte ich einen Hexenschuss. Wir hatten zwei volle Tage dort oben bei andauerndem Schneefall verbracht und fast nur faul und schläfrig in unseren Zelten herumgelegen, bis die ersten Sonnenstrahlen durch die Wolken blitzten. Dann, beim Aufstehen, machte ich eine falsche, zu rasche Bewegung.

Der Abstieg mit Sprüngen über offene Gletscherspalten war die Hölle. Im Basislager konnte ich mich kaum noch bewegen. Ghulam stellte mich mit allerlei Balti-Hokospokus und täglichen Massagen mit einer Paste aus groben Salzkörnern und Speiseöl wieder auf die Beine.

Nicht nur meinen Beinen, auch »Doktor« Ghulam Haider verdanke ich den Gipfel des Gasherbrum II.

## Schlaf gut!

Es gab noch eine andere Tiergeschichte, als wir vom Gasherbrum II zurückkehrten, sie war nicht weniger lustig, aber etwas gefährlicher. Gleich nach Urdukas hatten wir die kleine Oase Paiju erreicht. Sie ist während des An- und Abmarsches Lagerplatz für fast alle Expeditionen und Trekkinggruppen im Gebiet. Hier gibt es wieder ein paar Bäume, etwas borstiges Gras und

*Tatort Paiju. Wer weit genug aufsteigt, erkennt in der Ferne den Gipfel des K2.*

sauberes Wasser. Wenn man oberhalb von Paiju am Hang hinaufsteigt, sieht man von dort oben an guten Tagen den K2 und den Broad Peak. In Paiju werden Ziegen geschlachtet und manchmal Feste gefeiert, vor allen Dingen aber backen die Träger hier beim Anmarsch ungeheure Mengen an Fladenbroten für den weiten Weg über den Baltorogletscher. An dieser historischen Stelle haben Buhl, Bonatti, Desio, Lacedelli und alle die anderen gelagert, die Karakorumgeschichte geschrieben haben, und hier gibt es seit 1994 – Wunder der Zivilisation – auch einen einfachen Getränkeshop. Vor ein paar Jahren ging es dort noch etwas spartanischer zu als heute.

Als wir in Paiju ankamen, lagerte dort ein kleiner Militärtrupp. Ein paar Soldaten brachten mit einer Esel-, Maultier- und Pferdekolonne offensichtlich Nachschub für Urdukas oder für eine andere der Militärstationen am Baltorogletscher. Die klapprigen Tiere liefen frei durch die Oase und rupften gierig das trockene Gras.

Wir waren alle sehr müde. Das Wetter war wunderbar, und niemand rechnete in dieser Nacht mit Regen. Wir verzichteten darauf, unsere Zelte aufzuschlagen, und legten uns zum Schlafen mit Isoliermatte und Schlafsack in

*Unsere Träger haben an der Oase Paiju einen harten Arbeitstag. Hier backen sie eine Unzahl von Fladenbroten.*

das, was im Frühsommer eine grüne Wiese war. Nicht ohne vorher nach den Pferden Ausschau zu halten. Wir waren beruhigt, die Tiere waren sehr weit von uns entfernt.

Ich war wohl gerade eben eingeschlafen, als sich ein feiner Sprühregen über mein Gesicht legte. »Nun regnet's doch noch«, ging es mir durch den halbwachen Sinn. Aber – das konnte nicht sein. Gleichzeitig schnaubte es zwei Zentimeter über meiner Nase. Das war kein Regen – das war feiner, feuchter Pferdesabber! Ich lag stocksteif in meinem Schlafsack, denn direkt vor meinen Augen sah ich jetzt – ein riesiges Pferdegebiss. Ich dachte an meine Nase und hoffte, das Tier würde mich nicht mit einer Grassode verwechseln. Ich kam nicht mehr dazu, irgendetwas zu sagen, geschweige denn zu tun. Im nächsten Augenblick legte das Pferd sich nieder. Es suchte offensichtlich Gesellschaft. Mir blieb das Herz stehen, Flucht war unmöglich. Der Schlafsack war zu, meine Arme drinnen. Es gab einen Plumpser, es staubte, und dann lag das Pferd so nahe neben mir, dass kein Blatt Zeitungspapier mehr zwischen uns gepasst hätte. Mehr noch: Es presste seinen Leib an mich, als wäre es ihm zu kalt!

*Blick von Paiju auf den Talboden. Viele Wasserläufe zeichnen ein besonderes Bild.*

Nach langen Augenblicken, in denen ich mich nicht zu atmen traute, hatte ich mich gefasst und fing an, beruhigend auf das Tier einzureden, in meiner Aufregung und gewohnheitsmäßig in Englisch:

»Please, horse, go down from my sleepingbag, this is my place to sleep. Go and look for another place.«

Dann hörte ich Sepp, der müde war und schlafen wollte, grummeln: »Himmelherrgott, das da net endlich amal a Ruh' is, du und dei bläds Pferdl, dei bläds! Da is doch gar koa Pferdl!«

Natürlich – Sepp konnte es in der Dunkelheit nicht sehen, und es stand ja auch nicht mehr, sondern hatte sich gerade hingelegt. Inzwischen waren alle wieder wach. Von drüben hörte ich nun Gunthi laut lachen, und es klang wie ein Wiehern in meinen Ohren: »Dieser Esel spricht auch noch Englisch mit dem Pferd!«

Die lieben Freunde hatten ihren Spaß. Und ich? Ich hatte die Arme endlich aus dem Schlafsack und schob und drückte das Pferd zur Seite, mit letzter Kraft ... bis es noch einmal mürrisch wieherte und sich schließlich erhob und schnaubend trollte.

Bergsteigen im Karakorum ist nicht so ganz ungefährlich, ich habe es schon an anderer Stelle erwähnt. Im Übrigen habe ich seit jener Nacht in Paiju nie mehr auf der Wiese geschlafen, wenn Rind- oder Pferdevieh unterwegs war.

## Haufix

In Skardu wohnten wir im Pioneer-Hotel. Dieses Haus gehörte zu jener Zeit einem großen und dicken Pakistani. Er behauptete, Christ zu sein. Muslime trinken keinen Alkohol, aber da er mit Allah kein Bündnis und mit dem Koran nichts zu tun hatte, trank er gern. Nicht immer, aber oft. Er erzählte mir, er sei aus dem Süden des Landes, und schwärmte mit glänzenden Augen von der feuchten Schwüle der Stadt Karachi. Der Norden war ihm eigentlich viel zu rau, zu windig und zu kalt. Ich erfuhr nie, wie er hier zu einem Hotel gekommen war. Er hatte Heimweh, deswegen trank er.

Wir alle nannten ihn nur den »Haufix«! Mit gutem Grund. Der große schwere Mann gab seinen Angestellten gern ein paar hinter die Löffel. Besonders die Frühstückskellner hatten des »Haufix« Morgenlaune auszubaden. Ich saß oft mit dem Rücken zum Raum und sah es nicht, hörte hinter mir aber häufig ein kräftiges »Paff!!«. Gunthi lachte dann meistens laut, und ich wusste, irgendwo hatte es wieder eine saftige Ohrfeige gegeben. Den kleinsten seiner Angestellten traf es besonders oft. Der hatte schon ganz rote Ohren. Ich nahm ihn in den Arm und sagte ihm, dass er mir Leid täte.

Wir verließen Skardu sehr bald – übrigens mit dem Flugzeug. Ein seltenes Glück, und ich möchte den Flug mit dem Düsenjet aus dem Kessel von Skardu bald wieder einmal erleben. Es ist eine wilde und aufregende Sache. Wir bekamen die Buchung für den Flug nach Islamabad ungeheuer kurzfristig, und der Umstand einer bevorzugten Behandlung war wohl darauf zurückzuführen, dass wir dem Manager des Flughafens einen Höflichkeitsbesuch abgestattet hatten und ich seinen Obstgarten in höchsten Tönen gelobt hatte.

Als wir Tage später in Rawalpindi im Hotel saßen, traute ich meinen Augen nicht: Da stand der kleine Kellner aus dem Pioneer-Hotel. Er war rund 1000 Kilometer hinter mir hergereist, über den Karakorum-Highway von Skardu bis nach Rawalpindi! Er sagte, ich sei doch »Leader of the Expedition«, und fragte, ob ich nicht einen weniger schmerzhaften Job für ihn hätte, oder besser noch, ob ich ihm nicht vielleicht ein Visum für Deutschland ausstellen könnte! Ost oder West war ihm egal. Die Kunde unserer Wiedervereinigung war noch nicht bis zu ihm durchgedrungen. Wir schenkten ihm schließlich ein paar Rupien, und er zog seiner Wege.

Das Pioneer-Hotel hatte zwei Jahre darauf einen anderen Besitzer. Den »Haufix« habe ich nie wiedergesehen. Niemand wusste etwas über ihn. Entweder hat er sich in Skardu zu Tode gesoffen, oder er ist in den warmen und schwülen Süden seines Landes zurückgekehrt.

## Asem Mustafa Awan

Dass 1994 alles ein wenig anders war als zwei Jahre zuvor, steht schon an anderer Stelle geschrieben. Es begann damals schon in Rawalpindi anders zu sein, nicht erst am Berg. Zum ersten Mal besuchte uns vor einer Expedition ein Sportjournalist einer großen Tageszeitung. Seine Name ist Asem Mustafa Awan, und er ist heute der bekannteste Sportjournalist in Pakistan. Und was den Bergsport angeht, ist er inzwischen die Nummer eins. Mit Begeisterung schreibt er in Rawalpindis großer Tageszeitung »The Nation« über alle Expeditionen, die Sommer für Sommer in den Karakorum, den Hindukusch und zum Nanga Parbat kommen, obwohl er diese großen Berge selbst nie gesehen hat.

Als er 1994 für »The Nation« mit dem Schreiben begann und seine ersten Interviews führte, war er noch sehr nervös. Auch heute raucht er eine Zigarette nach der anderen (und hat bei Kurt Diemberger striktes Zimmerverbot!), aber damals dachten wir, er hätte sich mit irgendwelchem Kraut vollgeraucht. Er hatte glasige Augen und redete wirr. Wie sich später herausstellte, war er aber einfach vollkommen übermüdet. Wir sprachen über den Broad Peak. Carlos Carsolio, der damals schon acht Achttausender bestiegen hatte und eine große Nummer war, erzählte über seine Sponsoren in Mexiko. Ganz beiläufig erzählte er auch, dass er hier sei, um eine neue Faser für Bergsteigerkleidung zu testen, sie würde aus der Kaktuspflanze gewonnen und hätte die großartige Eigenschaft, sich aufzulösen, wenn man die Kleidung nach dem Tragen in die Sonne legen würde. Carlos sah den größten Vorteil darin: Man müsste die stinkende Wäsche vom Gebirge gar nicht mehr nach Hause schleppen. Asem schrieb seinen ganzen Notizblock voll. Er saugte jedes Wort des Mexikaners gierig auf. Am nächsten Tag hatte »The Nation« Folgendes gedruckt: »Carlos Carsolio, Mexican, said, ›my objective to attamp Broad Peak is to check high altitude fibre cloth which is only produced by Pulquetilene. This cloth is prepared from the fibres of Cactus plants and is biodegradable. The company is sponsoring me to check this fibre's performance in high as well as low altitude.‹

When asked what's so special about this fibre he said, ›there is too much pollution at the mountain and if you place it in open air it will fizzle out after some time‹.«

Asem war Carlos auf den Leim gegangen. Er hatte die Kaktusfaser, die in der Luft und bei Sonne zerfällt, für bare Münze genommen. So entstehen Zeitungsenten.

Heute ist Asem ein erfahrener Journalist, dem so etwas nicht mehr passiert. Aber 1994 war eben alles anders.

Wir sahen uns noch oft, und auch wir wurden Freunde. Jahre später konnte ich ihn zu Hause besuchen. Ich schenkte ihm einen Stapel Fotos von den großen Bergen des Karakorum. Er weiß jetzt, wie es dort aussieht, und von Zeit zu Zeit erscheint eines meiner Bilder in »The Nation«.

# DAMBUDAS

## ALLTAG EINES EXPEDITIONS-LEITERS

Dambudas ist ein kleiner Ort an der Straße zwischen den Städten Gilgit und Skardu. Genau gesagt liegt Dambudas 70 Kilometer von Skardu und rund 100 Kilometer vom Karakorum-Highway entfernt. Wir waren dort nach heftigsten Gewittern, Regenfällen und dem Abgang mehrerer großer Schlammlawinen für einige Zeit zwischen großen Muren eingeschlossen. Ich werde die Tage in Dambudas und die Zeit davor nie vergessen.

Der Sommer hatte damit begonnen, dass ich im westlichen Himalaya eine Gruppe von Trekkern rund um den Nanga Parbat geführt hatte. Die Tour war nicht ganz einfach zu organisieren gewesen, denn diese Region zwischen den Orten Chilas im Industal und Astor auf der Ostseite des Massivs hat ihre eigenen Gesetze. Dennoch kamen wir heil ans Ziel.

Das anschließende Trekking sollte noch eine Nummer größer werden. Kenner nennen es den Mega-Treck, und er führt über den Baltorogletscher zum Concordiaplatz, von dort über den Vignegletscher zum nordseitig vergletscherten Gondokhoro La, einem Pass mit 5480 Meter Höhe, und durch das Hushetal zurück nach Skardu. Wer diese Tour vollständig geht, hat das Massiv des 7821 Meter hohen Masherbrum (K1) beinahe ganz umrundet.

## Startschwierigkeiten

Es war recht viel Betrieb im Baltorotal, und es waren vor uns bereits eine ganze Menge Gruppen unterwegs, nur eine ging die große Runde, alle anderen

*Der Mega-Treck führt um den Gipfel des 7821 Meter hohen Masherbrum (K1).*

trabten den Baltorogletscher hinauf und hinab. Der rege Andrang brachte für unser Team ein kleines Problem mit sich: Es gelang uns nicht auf Anhieb, eine Trägermannschaft zusammenzustellen. Trotz bester Vorbereitung: Die Dörfer der Region waren für einige Tage ausverkauft – zumindest, was den Berufsstand der Träger betraf. Mein pakistanischer Kollege Javet Akhtar, der uns zusammen mit ein paar Männern aus Hunza als Guide einer pakistanischen Agentur auf diesem Treck begleiten sollte, war zunächst ratlos. Schließlich fuhren Javet und ich mit unserem Jeep das Shigartal einige Male auf und ab, um in den Dörfern noch eine Hand voll Träger anzuwerben. Es gelang uns tatsächlich, doch wir verloren in unserem Zeitplan zwei volle Tage. Trotzdem waren diese Tage in den Dörfern dieser Gegend durchaus interessant.

Aufatmen bei unseren Touristen, die verständlicherweise den Baltorobergen entgegenfieberten, als wir endlich starten konnten. Allerdings kamen wir nicht sehr weit, denn bereits vor Askole stand die Jeeppiste wegen der starken Schneeschmelze unter Wasser und war unpassierbar. Wir verloren nochmals zwei Tage durch einen längeren Anmarsch und hatten so zum Beginn unserer Tour bereits fast alle Reservetage verbraucht. Aber eigentlich sollte es jetzt mit den Ereignissen erst richtig losgehen.

## Unglücksfälle

Den ersten Bock schoss Albert. Von Beruf Pfarrer war er für einen Moment wohl nicht im Stand der Gnade. Er sprang auf dem Baltorogletscher

Bild oben: *Träger waren im Sommer 1997 Mangelware. Einige trugen doppelte Lasten.*

Bild rechts: *Der Broad Peak vom Concordiaplatz.*

über einen kleinen Wasserlauf und landete unglücklich. Ein Band im Knie riss. Er biss die Zähne zusammen, und mit vereinten Kräften gelang es uns, ihn bis zum nächsten Lagerplatz nach Urdukas zu bringen. Dort war die Tour für ihn zu Ende. Über Funk riefen wir an der dortigen Militärstation nach einem Hubschrauber, und der sollte am späten Nachmittag des nächsten Tages eintreffen. Um nicht nochmals einen Tag zu verlieren, schickten Kollege Javet und ich den Rest unserer Truppe mit allen Trekkern unter der Führung unseres erfahrenen Assistant-Guide Assad Karim weiter zum Lagerplatz Gore. Nach Alberts Abflug jagten wir zusammen mit unserem Helfer Fida Karim unserem Team hinterher. Bei Dunkelheit kamen auch wir hundemüde im Camp an. Einen Tag später erreichten wir den Concordiaplatz. Hier lagerte nur noch eine kleine Gruppe. Dort wo es in den Sommermonaten sonst immer hoch hergeht, war jetzt eine gewisse Ruhe eingekehrt. Es war schon Mitte August, die Expeditions- und Trekkingsaison neigte sich langsam dem Ende zu, und alle anderen waren bereits auf dem Rückweg.

Der folgende Tag sollte ein Rasttag sein. Wir hatten ihn nach den Aufregungen der ersten Tage verdient und wollten ihn für eine kleine, gemütliche Wanderung in der Nähe unseres Lagerplatzes nutzen. Ich genoss so richtig meinen Morgenkaffee. Heute haben wir Zeit – dachte ich und legte meine Füße bequem auf einen Felsblock. Nach den letzten turbulenten Tagen suchte ich etwas Entspannung. Doch draußen, vor unserem geräumigen Küchenzelt, war eine sonderbare Unruhe. Träger liefen durcheinander, Fida, Javet und Assad tuschelten. Nach ein paar Minuten drangen dann auch die ersten Gesprächsfetzen an meine

Blick vom Broad Peak auf den Savoiagletscher. An dieser Stelle (x) fanden wir die Opfer.

Ohren: Eislawine, Skil Brum und K2, tote Japaner ...

Ein paar Minuten später wurde es zur Gewissheit: Vor uns hockte, schwer angeschlagen, ein Mann, dem das Entsetzen ins Gesicht geschrieben stand. Sarwar Khan, Verbindungsoffizier einer japanischen Expedition, die nicht weit vom K2 entfernt den Skil Brum (7360 m) bestiegen hatte, war am frühen Morgen den Godwin-Austen-Gletscher heruntergekommen. Wir verstanden nicht sofort alles, doch sicher war, die Eislawine war groß gewesen und hatte Opfer gefordert, es hatte Tote gegeben und viele Verletzte. Wir informierten das Militär am Concordiaplatz: Helikopter sollten von Skardu, so schnell es ging, zum K2-Basecamp fliegen. Dann dauerte es nur noch ein paar Minuten, und wir waren unterwegs: Javet Akhtar, Fida Karim, Assad Karim und weitere sieben Männer aus Hunza, die zu unserem Team gehörten. Martin, Arzt im Urlaub, packte seine Reiseapotheke und kam mit uns. Alle anderen baten wir, sich am Concordiaplatz die Zeit allein zu vertreiben, es ging nicht anders.

Ob jemals Menschen zu Fuß in so kurzer Zeit vom Concordiaplatz kommend das Basislager des K2 am Godwin-Austen-Gletscher erreicht haben – ich weiß es nicht, aber in wenig mehr als drei Stunden waren wir dort. Nur Martin fehlten am Ende Kraft und Puste. Er gab auf.

Fünf Männer und eine Frau hatten die Eislawine nicht überlebt, sie lagen oben auf dem Savoiagletscher zwischen den Ausläufern des K2-Massivs und dem Berg Skil Brum. Im Basislager kauerten, in schmutzige Decken gehüllt, ein paar verletzte Einheimische vom Stamm der Balti. Viele der Baltiträger kochten Tee oder warteten tatenlos auf den Abmarsch. Die Träger waren für den Rückmarsch bestellt, die Expedition wollte an diesem oder am nächsten Tag nach Hause. Die jetzt toten Bergsteiger hatten eine letzte Nacht in einem Camp auf dem Gletscher oberhalb des Basislagers verbracht. Dann kam die Lawine. Und dort oben waren jetzt noch mehr Verletzte.

So gut ich konnte, half ich im Basislager und folgte später den anderen, die über mit Seilen versicherte Felsstufen auf den Gletscher geklettert waren. Auf halber Strecke traf ich Javet, der gekonnt den Transport der letzten lebenden Opfer dirigierte. Er nahm mich am Arm und sagte, ich müsse »das dort oben nicht sehen«, meine Hilfe werde hier mehr gebraucht.

Bild oben:
*Erste Hilfe war gefordert – ein gebrochenes Bein wird geschient.*

Bild oben rechts:
*50 Jahre Pakistan. Pakistans grünweißes Banner auf dem Gondokhoro La.*

Bild nächste Seite:
*Vier Menschen – vier Gipfel. Die letzten Meter zum Gondokhoro La mit Broad Peak und Gasherbrum IV, III und II.*

Ich schiente mit einer Isoliermatte ein gebrochenes Bein und klammerte eine Kopfhaut, die von der Nasenwurzel bis zur Schädelmitte geplatzt war. Der Mann war bei Bewusstsein, wir unterhielten uns dabei in Englisch. Dem Dritten konnte ich nicht helfen. Er hatte Schürfwunden und Prellungen am ganzen Körper und brüllte vor Schmerz, als er, an Seilen und zusammengeschnürt wie ein Paket, auf einer provisorischen Trage mehrere Meter in die Tiefe gelassen wurde.

Gegen 15 Uhr hatten wir die ersten Verletzten vom Gletscher heruntergeholt, und kurz darauf landete der erste Rettungshubschrauber der pakistanischen Armee, später ein zweiter. Wir hatten die drei Bündel Mensch, die die Lawine überlebt hatten, unten, und mit dem letzten Licht flog sie ein Helikopter nach Skardu. Brave Piloten, die beim Anflug, halb in der Dämmerung schon, ihr Letztes gaben und auf einem winzigen Flecken landeten. Sie wussten, worum es ging. Die drei Bergsteiger haben überlebt, und »The Nation« nannte uns ein paar Wochen später »unsang heroes«. Niemand, der dabei war, wird diesen Tag, so sehr er sich auch müht, je vergessen können, und uns wäre es lieber gewesen, wir hätten keinen Grund gehabt, uns als Helden zu bewähren …

Am nächsten Morgen ging, als sei der ganz normale Alltag zu uns zurückgekehrt, unser Trekkingprogramm weiter. Zwei Tage später erreichten wir unseren Pass, den Gondokhoro La, und hissten dort die pakistanische Flagge. Pakistan feierte in diesen Tagen den 50. Jahrestag seiner Gründung. Voller Stolz hatte Fida Karim das grünweiße Banner schon mehrere Tage vorher sorgsam präpariert und über den Baltorogletscher getragen.

Wir hatten sieben Tage schönes Wetter erlebt, doch als wir den Pass betraten, begann es langsam schlechter zu werden. Die vorher gestochen klare Luft wurde milchig trüb, und von Süden her drückten Monsunwolken in den Karakorum. Monsun bedeutet in dieser Region Schneefall und in den tieferen Lagen Regen. Letzteren sollten wir noch zu spüren bekommen, das Abenteuer hatte gerade erst begonnen.

## Neue Abenteuer

In Hushe ging unser Treck zu Ende. Wir hatten den Gondokhoro La überschritten und tags darauf noch einen leichten Fünftausender bestiegen, kurioserweise einige Meter niedriger als unser Pass. Alles zusammen war es eine tolle Tour, und wir waren alle froh, sie glücklich abgeschlossen zu haben. Nun

*Aufstieg zu einem kuriosen Fünftausender. Der Gipfel des Gondokhoro Peak ist niedriger als der Pass Gondokhoro La.*

sollten wir unsere Träger bezahlen – und stellten fest: Wir hatten zu wenig Geld. Wie so etwas passieren kann? Ganz einfach: Auch im Karakorum regeln Angebot und Nachfrage den Preis einer Ware oder einer Dienstleistung. Träger waren in diesem Trekkingsommer heiß begehrt, und ihr Preis entsprechend hoch. Und eine Scheckkarte hilft hier nicht weiter – es zählt nur eines: Bargeld.

Javed war verzweifelt – bis ihm der zündende Gedanke kam. Er würde seinen Assistenten Assad Karim mit dem Jeep in die Stadt Skardu schicken, und der sollte von dort mit ausreichend Geld zurückkehren. Assad fuhr noch in der Nacht, doch er kam am nächsten Tag nicht zurück. Wir warteten einen vollen Tag, dann zahlten wir das Geld, das wir noch besaßen, aus und vertrösteten die leer ausgegangenen Träger auf irgendwann in Skardu. Dorthin mussten wir jetzt.

Auf halber Strecke rasteten wir. Plötzlich stürzte Fida Karim auf mich zu und weinte. Er hatte in einem kleinen Laden ein Gerücht aufgepickt. Sein Freund Assad war auf dem Rückweg samt Geld und Jeep und Fahrer in eine Schlucht gestürzt. Sofort machten wir uns auf den Weg. Wir sahen das Fahrzeug ein paar Stunden später, es lag tatsächlich in einer Schlucht, total zertrümmert. Konnte darin jemand überlebt haben?

Am Nachmittag wussten wir es. Beide hatten überlebt, Assad hatte sich Schien- und Wadenbein gebrochen. Angesichts des Absturzes war das nur ein Kratzer. Er hatte mehr als nur einen Schutzengel gehabt, und auch der Fahrer hatte das Unglück mit relativ leichten Verletzungen überstanden. Beide waren während des Absturzes aus dem Fahrzeug geschleudert worden – ihr Glück.

Auf regennassen Straßen brachten wir Assad von einer kleinen Krankenstation im Dorf Khapalu nach Skardu ins Hospital. Sie möchten wissen, wie ein Krankenhaus im ländlichen Pakistan aussieht? Unbeschreiblich! Brechen Sie sich im Karakorum niemals einen Arm oder ein Bein! Nur so viel: Es gibt ärztliche Versorgung, und sie erschien uns nicht einmal schlecht. Doch es gibt kein Krankenhauspersonal, und es gibt keine Betreuung. Alle Verpflegung wird von den Angehörigen gebracht. Der Verletzte wird von einem Arzt versorgt und in ein Bett gelegt. Sie wollen wissen, wie im ländlichen Pakistan ein Krankenhausbett aussieht? Lassen Sie uns die Sache umdrehen, dann wird ein Schuh daraus: Ich möchte Ihnen raten, im Karakorum immer vorsichtig unterwegs zu sein. Immer!

Assad hatte das Pech, dass in Skardu und Umgebung keine Verwandten von ihm leben. Sein Heimatort liegt bei Gilgit, dort lebt seine Familie, und das ist fast 200 Kilometer von hier entfernt.

Inzwischen war in Skardu der Kleinbus eingetroffen, der uns über Gilgit und über den Karakorum-Highway nach Rawalpindi zurückbringen sollte, und ich versprach Assad, ihn nicht allein in Skardu zurückzulassen. Wir polsterten eine ganze Sitzbankreihe mit Schlafsäcken und Daunenjacken aus, fixierten sein notdürftig geschientes Bein und machten uns auf den Weg. Vorher verabschiedeten wir uns noch von unserem Koch Gari Khan und seinem Bruder Islam Khan, den Verwaltern all unser Zelte und unserer Küchenutensilien. Die zwei hatten in Skardu noch allerlei zu erledigen und wollten ein paar Tage später fahren, um schließlich die Trekkingausrüstung in Gilgit bis zum nächsten Sommer einzulagern. Wir hatten unseren Bus, und vor uns lag, nach hartem Treck, die – halbwegs – gemütliche Fahrt nach Gilgit. Töpfe, Pfannen, Kocher und Zelte würden wir nun nicht mehr brauchen – so dachten wir jedenfalls. Es sprach nichts dagegen, sich zu trennen. In einem halben Tag würden wir in Gilgit über den Bazar schlendern oder in einer gemütlichen Teestube sitzen – dachten wir. Die Realität sollte eine andere sein, wir hatten erst 50 Prozent unseres Abenteuers hinter uns.

## Erstens kommt es anders ...

Am Abend vor unserer Abreise aus Skardu begann es zu regnen. Es blieb die ganze Nacht so. Am Morgen tröpfelte es noch ein wenig, um bald darauf wieder wie aus Kübeln zu gießen. Unser Bus, mit einem in Schlafsäcke gewickelten Patienten, setzte sich langsam in Bewegung. Es ging nach Hause.

Wir schafften noch 70 Kilometer. Nach der ersten Kurve hinter Dambudas, jener Ortschaft, die ich zu Beginn meiner Erzählung erwähnt habe, blickten wir auf einen sandigen, graubraunen Berghang – und dieser Hang bewegte sich. Als würde der Himmel einen riesigen Bottich mit klebrigem Kuchenteig ausgießen, schwappte im strömenden Regen eine unbeschreiblich große Schlammwelle von oben herunter. Wir waren zwei Kilometer entfernt und begannen zu wetten, wie lange dieser oder jener große Felsblock wohl noch am Hang kleben würde, bis ihn der Schlamm mit sich trug, ob er wohl auf der Straße liegen bleiben würde, oder ob Fallhöhe und Schwung wohl groß genug wären, den Brocken bis über die Straße zu tragen. Zum Lachen war uns nicht. Die Blöcke, die sich dort bewegten und um die wir wetteten, waren groß wie Einfamilienhäuser, und die Asphaltdecke der Straße bald von einer meterdicken Schicht Schlamm zugedeckt.

Die Straße war blockiert, zurück nach Skardu hieß das Kommando, vielleicht könnten wir es schaffen, in den nächsten Tagen einen der seltenen Flüge nach Islamabad zu erwischen. Die Chance, in den nächsten Tagen auf der Straße hier herauszukommen, war gleich null. Doch jenseits von Dambudas kamen wir noch zehn Kilometer weit, dann erlebten wir dort das gleiche Schauspiel. Jetzt saßen wir in der Falle! Das Schlimmste war Assads gebrochenes Bein, das Zweitschlimmste die Panik einiger unserer Touristen, die ein paar Tage später in Deutschland wieder an ihrem Arbeitsplatz sitzen sollten. Und es regnete unverdrossen weiter ...

Die Ortschaft Dambudas hat kein Hotel, kein Restaurant, doch nach einigem Hin und Her gelang es uns, im »Government Guesthaus«, das gewöhnlich nur für hohe Beamte oder geladene Gäste zur Verfügung steht, unterzuschlüpfen.

Das Schicksal hatte nicht uns allein getroffen. Ein Gruppe von Pakistans größter Trekkingagentur, »Walji's Adventure«, mit unserem Kollegen Sarmander Khan saß ebenfalls fest. Wir teilten uns das Haus und kooperierten großartig. Wie Sarmander und seine Leute nach Hause kamen, entzieht sich allerdings meiner Kenntnis, wir hatten jeder unsere eigenen Sorgen.

Wir bewohnten mit elf Leuten einen kleinen Raum und lagen, saßen und schliefen nach einem raffiniert ausgeklügelten System. Um Assad nicht allein zu lassen, schlief ich in unserem Bus, auch Martin, unser Doktor, bemühte sich rührend um ihn. Der nächste Tag brachte besseres Wetter – und die endgültige Gewissheit, dass wir von der Welt abgeschnitten waren. Die Telefonleitungen, die Dambudas mit Skardu und Gilgit verbinden, waren zeitweise außer Betrieb, 62 größere und kleinere Muren hatten die Straße in Richtung Gilgit, 38 Schlammlawinen den Weg in Richtung Skardu zerstört.

Die konkreten Informationen hatte ich aus Dambudas Militärstation erhalten. Die Soldaten dort gehören zu ei-

*Die Mure bei Dambudas. Die heruntergefallenen Blöcke sind größer als Lkws.*

kistanischer Bürger bei uns, und der hatte ein gebrochenes Bein! Eine kleine Infektion, und er könne sein Bein verlieren, sterben – eine Frage der Menschlichkeit, nicht der Zuständigkeit. Ich beschwor den Major.

Nadim Virgs Miene verfinsterte sich, um sich dann gleich wieder aufzuhellen – ja, eigentlich hätte ich recht, das wäre eine ganz andere Situation, er werde sehen, was er für mich tun könne und er würde mich rufen lassen.

Inzwischen wühlte der Hunger in unseren Mägen. In einer kleinen Garküche, die wir mit unserem Team vollständig in Beschlag nahmen, gelang es, etwas Warmes zum Essen zu organisieren, der einzige Lebensmittelladen des Dorfes erlebte so etwas wie ein Jahrhundertfest, und sein Besitzer strahlte über das ganze Gesicht. Assad ging es in dieser Nacht zum ersten Mal schlechter. Er hatte tatsächlich Fieber bekommen.

Am Morgen brauste ein Jeep über die Dorfstraße. Major Virg ließ mich rufen: Am Nachmittag würde ein Hubschrauber von Gilgit über den Ort Astor in der Nanga-Parbat-Region nach Skardu und später von dort nach Gilgit zurückfliegen. Es sei der einzige Flug, den er organisieren könne, und dieser Flug würde Assad und unsere Truppe mitnehmen. Wie groß der Helikopter sein würde, könne er nicht sagen: Entweder acht, zehn oder zwölf Sitzplätze. Es gab also doch einen Hoffnungsschimmer für alle, in letzter Sekunde den Flug nach Europa noch zu erwischen. Vielleicht auch nicht für alle? Mit mir, Javet, Fida und Assad waren wir 15. Für den Fall aller Fälle ließ

ner Spezialeinheit und sind ausschließlich für die Befahrbarkeit der Straße zwischen Skardu und Gilgit zuständig. Ich hatte also mit Experten gesprochen. Bei unseren Touristen brach die finale Panik aus. Man wollte nach Hause telefonieren, und wenn nichts anderes ginge, zu Fuß bis Gilgit »durchbrechen«, auch ohne Zelte, auch ohne Proviant und ohne frisches Wasser. Javet und mir gelang es mit Mühe, unüberlegtes Handeln zu verhindern.

Der Nachmittag brachte uns eine Konferenz mit dem Kommandanten der Militärstation. Major Nadim Virg hörte mir mit gefalteten Händen geduldig zu, blickte mal nach rechts, dann nach links oder zur Zimmerdecke. Das Ergebnis fiel aus, wie ich es erwartet hatte: Nein, er könne mir nicht helfen, das pakistanische Militär sei keine Institution, um mit Hubschraubern von Muren eingeschlossene Bergsteiger spazieren zu fliegen. So gerne er mir auch helfen würde …

Ich zog meinen einzigen Trumpf: Assad Karim! Aber da war doch ein paich Losnummern von zwei bis zwölf ziehen, Assad war als Nummer eins gesetzt. In dieser Reihenfolge sollte geflogen werden. Wir alle starrten ein paar Stunden lang in den nun wieder blauen Himmel.

Nach endlosem Warten kam der Hubschrauber, der größte, ein Zwölfsitzer. Aufsetzen, einsteigen, abfliegen – es blieb nicht viel Zeit für eine Diskussion. Der Pilot war freundlich, aber sehr bestimmt: Menschen ja, auch 13, aber kein Handgepäck, keinen Bergsteigerrucksack. Wer fliegen will, muss sich jetzt und hier von seiner Ausrüstung trennen. Im Bruchteil einer Sekunde fälle ich unter den drehenden Rotoren eine Entscheidung und schicke Javet in die Maschine. Ich werde zusammen mit Fida Karim unser Gepäck nach Islamabad schaffen, irgendwann und irgendwie. Der Pilot salutiert, der Helikopter, fast zu schwer, benötigt drei Startversuche, dann ist er oben, taumelt durch das Tal und landet eine gute Stunde später in Gilgit auf dem Flughafen. Javet organisiert den Rest, pünktlich, wenn auch nicht besonders akkurat gekleidet, erwischt die Truppe den Flug nach Europa. Fida Karim und ich stehen mit 15 blauen Seesäcken und 15 Stück Handgepäck in Dambudas. Unsere Odyssee hat gerade erst begonnen.

## Irgendwie geht's immer weiter

Unser Busfahrer hilft beim Verladen der Säcke. Das »Government Guesthouse« haben wir endgültig verlassen, dort können wir nicht länger bleiben. Wir wohnen ab jetzt »auf vier Rädern«.

In unserem Bus besucht mich am Abend ein kleiner, unauffälliger Mann. Er habe von unserem Missgeschick gehört, und vielleicht, so sagt er, könne er uns helfen. Er sei eine Art Förster in Dambudas und er hätte für uns einen Traktor mit Hänger. Vielleicht kämen wir damit über die unzähligen Bodenwellen nach Skardu. Im Augenblick, da ich sein Angebot annehmen will, unterbricht uns unser Busfahrer: Auf keinen Fall, das wäre ja noch schöner, mit dem Traktor nach Skardu und überhaupt, wo kämen wir denn da hin – fahren, das sei schließlich sein Job! Wir hatten die empfindlichste Stelle eines pakistanischen Autofahrers getroffen, seine Einbildung, der beste aller Autofahrer zu sein.

Eine Stunde später sind wir unterwegs. Wir schaffen einen schwachen Kilometer. Dann schrappen wir über eine Bodenwelle, die den Tank aufschlitzt. Die Sonne war am Vormittag durch die Wolken gekommen und hatte den frischen Schlamm ausgetrocknet. Er war an einigen Stellen bereits hart wie Beton, und unser Fahrer hat einen Volltreffer gelandet. Jetzt springt er aus dem Fahrzeug, reißt sich das Hemd vom Oberkörper und beginnt es in den Riss zu stopfen. Wenn es ihm nicht gelingt, das Loch zu schließen oder den Kraftstoff aufzufangen, wird er aller Voraussicht nach seinen Bus nach Gilgit oder nach Skardu schieben müssen. Eine Tankstelle gibt es in Dambudas nicht. Nach wenigen Augenblicken ist das Fahrzeug gewendet, und wir sind wir wieder im Ort. Unser Fahrer stöhnt unter seinem Bus, der Kraftstoff läuft mit dünnem Strahl in eine alte Konservendose und wandert von dort durch helfende Hände in einen rostigen Kanister. Der Fahrer hat noch einmal Glück gehabt!

Am nächsten Morgen nehmen Fida Karim und ich das Angebot des Försters an und erreichen nach einer recht gemütlichen Fahrt in sechs Stunden Skardu.

Es gab zwei Tage später einen Flug und ich bekam sogar ein Ticket, aber ich saß noch nicht in der Maschine.

»Sie wollen was?«, fragt der Beamte der Pakistan International Airlines auf dem Flughafen von Skardu, »Sie wollen mit 30 Stück Gepäck nach Islamabad fliegen? Bitte, gerne!« Seine flinken Hände gleiten sanft über einen Taschenrechner, es geht um Rupien. Die Summe für das Übergepäck hat utopisch viele Nullen – und ich habe kaum noch Geld. So eile ich denn vom Flughafen Skardu ins berühmte K2-Hotel, borge mir von dessen Manager (der ein Freund aller Bergsteiger ist) einen Batzen pakistanische Rupien, unterschreibe mit lockerer Hand dafür einen riesigen Schuldschein und fliege schließlich mit Fida Karim in einem Düsenjet aus dem Kessel von Skardu zurück nach Islamabad. Als ich nach dem Start durch das Fenster des Flugzeugs den K2 sehen kann, denke ich: Das waren drei Wochen Pakistan life! Ich denke heute noch manchmal an Dambudas und an den Mega-Treck rund um den Masherbrum zurück. Er hatte mich als Reiseleiter wahrlich gefordert.

Übrigens: Assad Karims Bein ist wieder ganz, der Manager im K2-Hotel hat sein Geld zurück – und von den Japanern, die am Fuße des K2 überlebten, haben wir nie wieder etwas gehört …

# SINKIANG

## DIE
## UNBEKANNTE SEITE
## DES KARAKORUM

Er hatte die Idee zur Shaksgam-Expedition: Kurt Diemberger.

Was viele Explorer seit Beginn des letzten Jahrhunderts suchten, fanden wir im Spätsommer 1994. Unmittelbar nach meiner Expedition zum Broad Peak gelang uns in Sinkiang die erste Traversierung des Karakorum auf der unbekannten Seite zwischen dem Gasherbrum II und dem K2. Sie führte jenseits der »großen Mauer« entlang der Achttausender über vorher nie betretene Schneesättel, Gletscher und Pässe. Es wurde ein neuer Weg zum zweithöchsten Berg der Erde.

Rawalpindi, Anfang August 1994. Geschrei, quäkende orientalische Musik mit immer wiederkehrenden Phrasen aus scheppernden Lautsprechern. Die Stadt dampft nach nächtlichen Regengüssen. Es ist schon morgens um sieben drückend heiß, aber die Welt ist in Ordnung. Kurt und Erika kommen über Manchester gerade aus Wien, ich erwarte sie am Flughafen. Kurts weißes Polohemd war einmal weiß. Vermutlich erlebte es einen unruhigen Flug mit zahllosen Turbulenzen. Jetzt werden die meisten weißen Flächen von Rotweinflecken überdeckt. Aber das macht hier gar nichts, wir sind in Pakistan – und das mit dem Rotwein auf dem Hemd, das ist eben Kurt. Er schmunzelt. Ich sehe, wie sehr er sich darüber freut, dass wir uns hier treffen. Die kleine Erika Prokosch mit den kurzgeschorenen Haaren kenne ich noch nicht. Dass sie unser Abenteuer mitmacht, hatte sich erst entschieden, als ich schon auf dem Weg zum Baltoro war. Sie lebt in Wien, und auch sie lacht. Unsere Ziele sind Kashgar, der Aghilpass, das Shaksgamtal und der menschenleere Karakorum in Sinkiang. Ich bin glücklich, mit Kurt zu fahren, um nach dem Trubel am Baltoro eine einsame Bergwelt zu erleben.

Es war Kurt Diembergers Idee. Er wollte nach Sinkiang und auf die Nordseite der Achttausender. Seit dem Frühjahr hatte er immer wieder angerufen: »Du bist doch sowieso in Pakistan. Von dort könnten wir doch Anfang August losfahren. Am besten machen wir eine Expedition ohne festes Ende.«

Kurts Vorhaben erschien mir anfangs zu gewagt, und ich war skeptisch. Aber er rief wieder und wieder an, und wenn ich um zehn Uhr vormittags sagte: »Du, ich bin noch nicht so weit, ich muss mir diese ganze Geschichte noch einmal in Ruhe überlegen«, kam zwei Stunden später der nächste Anruf: Ob ich schon wüsste …

Irgendwann wuchs meine Neugier. Ich begann mich mit der unbekannten Seite des Karakorum auseinander zu setzen. Außer meinem eigenen flüchtigen Blick aus großer Höhe und Kurts Erzählungen wusste ich nicht viel. Ich steckte meine Nase in alte Bücher und fand dort vergilbte Bilder. Die meisten stammten von Shiptons Expedition 1937. Sie zeigten fast immer steinige Täler, dunkle Moränen und lange Gletscher. Ich war unsicher, ob ich wirklich dorthin wollte. Eine so große Fahrt ohne einen berühmten Gipfel? In großer Höhe über Gletscher und Pässe wandern, die nicht einmal einen Namen haben? Es riss mich hin und her!

Es gab Tage, an denen wäre ich am liebsten sofort losgefahren, an anderen machte mich schon der Gedanke an diese Fahrt ins Ungewisse nahezu verrückt. Bei einem unserer letzten Telefonate versuchte ich mich noch auf andere Art und Weise aus der Affäre zu ziehen: »Also Kurt, nach dem Broad Peak noch zwei Monate mehr ohne zu arbeiten, wovon soll ich leben? Und außerdem … ich hab da auch noch meine Freundin in München.«

Es half alles nichts. Kurt hatte mich mit dem Shaksgam-Virus infiziert, und er kriegte mich rum!

Irgendwann sagte ich: »In Gottes Namen – ja!«

Kurt: »Du wirst es nicht bereuen!«

Ich zweifelte immer noch.

Er sollte recht behalten! Was Kurt sich in den Kopf gesetzt hat, davon lässt er sich nicht abbringen. Während der Sommermonate hatte ich noch oft genug Gelegenheit, diese Tatsache bestätigt zu sehen. Es wurde eine glückliche Zeit.

## Es geht schon gut los

Kurt hatte unser Unternehmen auf die Beine gestellt; um ein Haar hätte er unsere Expedition bereits in Rawalpindi scheitern lassen. Die Tücken eines pakistanischen Luxushotels spielten dabei eine entscheidende Rolle.

Unter der großen Hitze des Sommers sichtlich leidend, duscht Kurt mindestens zweimal am Tag. Sich auf das kalte Wasser freuend und fröhlich pfeifend steigt er, unter Missachtung aller Vorsichtsmaßnahmen, in die Badewanne. Deren Boden ist vom letzten Duschen noch schlüpfrig. Was nun kommt, erinnert an einen Slapstickfilm: Kurt rutscht, balanciert, jetzt klammert er sich an den Duschvorhang – oje, reißt ihn herunter und schlägt hart auf den Rand der Badewanne. Ein Extremer im Einsatz!

Für eine Woche war er voll grüner und blauer Flecken. Erika und ich erledigten, was zu erledigen war, und wir pflegten Kurt, so gut es ging.

Tage später brachte uns ein kleiner Bus in den Norden Pakistans. Zuerst fiel mir die Fahrt schwer. Mit uns war eine Gruppe Italiener, Donatella und ihr Mann Daniele, Gianni und Carlo. Sie wollten auf der Nordseite über die gewöhnliche Route das K2-Basislager besuchen. Sie alle waren nett und fröhlich, aber ich spreche nur wenig Italienisch, und zudem bin ich die quälend lange und schlecht ausgebaute Strecke am Indus entlang und über den Karakorum-Highway in diesem Sommer schon zweimal gefahren. Es wurde eintönig. Erst als ich in Besham und in Chilas auf pakistanische Freunde traf, ging es mir besser. Nach zwei Tagen Fahrt waren wir endlich in Gilgit. Ich besuchte Reyhan, unseren Koch von 1987. Er hatte seine Laufbahn als Hotelbesitzer am Highway mit zwei Zimmern und vier Betten für einen Laden auf dem Bazar aufgegeben. Man findet in seinen Regalen grünen Tee und einfaches Küchengeschirr aus China, einheimische Zigaretten, Bonbons, gekühlte Coca-Cola und getrocknete Aprikosen aus dem Hunzaland. Er hatte mich nicht vergessen: In seinem Laden stand eine Fotografie von 1987, unserer Momhil-Sar-Expedition. Seine ersten Worte nach einer stürmischen Umarmung: »We have a new expedition, Sir?« Es wurde ein fröhliches Wiedersehen. Sein Bart war grau, und seine Kinder waren groß geworden. Ich war sieben Jahre nicht mehr nach Gilgit gekommen.

*Im Niemandsland zwischen Pakistan und China.*

## Die Grenze

Zwei Tage danach überschreiten wir am Kunjerabpass die Grenze zur Volksrepublik China. Schwierigkeiten mit den Grenzformalitäten haben wir nicht. Ashraf Aman, vor vielen Jahren der erste Pakistani auf dem K2, unser Freund und Agent, hat an alles gedacht, und an der Kontrollstation in Tashkurgan nimmt uns ein chinesischer Dolmetscher und Betreuer in Empfang. Einziger Zwischenfall: Kurt nimmt uns die Papierarbeit ab und fungiert als »Expeditionsleiter«. Leider entgeht ihm, dass ihn ein chinesischer Grenzbeamter aus unserem Gruppenvisum streicht, ja er zahlt dafür noch eine Gebühr. Niemand bemerkt etwas, doch dieses Missgeschick sollte uns allen vor der Ausreise im Oktober noch einiges Kopfzerbrechen bereiten.

*Der »Vater aller Eisberge« Mustagh Ata über dem Karakulsee, 7545 Meter hoch.*

Die Straße, auf der wir jetzt fahren, heißt nun nicht mehr Karakorum Highway. Jenseits des Passes nennen die Menschen sie »Zhong-Pa Gong Lu«, Große Straße Pakistan–China. Die Soldaten, die uns auf der Weiterfahrt von Zeit zu Zeit an ganz bestimmten Punkten kontrollieren, sind jung. Ich schätze sie auf nicht älter als 16 oder 17 Jahre. Sie tragen grüne Uniformen und weiße Armeehandschuhe. Sie sind höflich, aber bestimmt. Nach Ende der amtlichen Zeremonie lächeln viele, manchmal gibt es sogar einen kleinen Scherz. Die meisten fragen nach Münzen aus unserem Land. »Coins« ist eines der wenigen englischen Worte, das wir in Sinkiang immer wieder hören werden.

Entlang der Strecke sehen wir nun wieder junge Mädchen und hübsche Frauen, ganz ohne Schleier, und in den kleinen Läden entlang der Straße verkaufen die Leute Bier. Ab heute bringt jeder Augenblick etwas Neues. Wir sind jetzt in Sinkiang, der westlichsten Provinz der Volksrepublik China.

## In der Volksrepublik China

Die Chinesen schreiben sie Xingjiang, und sie ist die größte chinesische Provinz. Etwas mehr als zwölf Millionen Menschen leben auf einem Gebiet, das viermal größer ist als Deutschland. Die Bevölkerung besteht überwiegend aus Tadschiken, Usbeken, Kirgisen, Kasachen und Uiguren. Dabei stellen die Uiguren den größten Anteil. Han-Chinesen gibt es hier nur wenige, aber sie sitzen an den Hebeln, die alles bewegen. Etwa 200 v. Chr. geriet das Gebiet des heutigen Sinkiang zum ersten Mal unter chinesischen Einfluss. Mitte des 8. Jahrhunderts gründeten die von Westen kommenden Uiguren ein eigenes Königreich. Es bestand rund 400 Jahre. Um 1220 eroberten die Mongolen das Land, und sie behielten ihren Einfluss bis ins 17. Jahrhundert. Kein Europäer hat bis zum Beginn der Mongolenherrschaft dieses Gebiet gesehen. 1271 reiste der Venezianische Kaufmann Marco Polo über die Seidenstraße bis nach Xian. Sein Reisebericht lässt den Handel zwischen dem geheimnisvollen China und dem Westen aufblühen. Es ist das erste europäische Portrait des großen Chinesischen Reiches. Marco Polo erwähnt den Pamir als großes zentralasiatisches Gebirgssystem, aber noch nicht den weiter im Südosten gelegenen Karakorum.

Entscheidendes Ereignis in unserer Epoche war die Machtübernahme der Kommunisten Mao Zedongs 1949 und die Gründung der Volksrepublik China. Fanatisch versuchten die Machthaber, ähnlich wie in Tibet, die überlieferte Kunst, Kultur und Religion in Sinkiang zu vernichten. Viele Moscheen wurden zerstört, Bazare wurden geschlossen. 1955 folgte die Ernennung zur »freien autonomen Provinz«, aber erst seit Mitte der achtziger Jahre gesteht die Regierung in Peking der Provinz Sinkiang wieder eine gewisse Eigenständigkeit zu. Gesprochen wird in diesem Land in vielen Dialekten, die amtliche Sprache ist das chinesische Mandarin, nur leider spricht so gut wie niemand Englisch. So ist es die Regel, dass ein Dolmetscher Touristengruppen, Bergsteiger oder Trekker vom ersten bis zum letzten Tag begleitet.

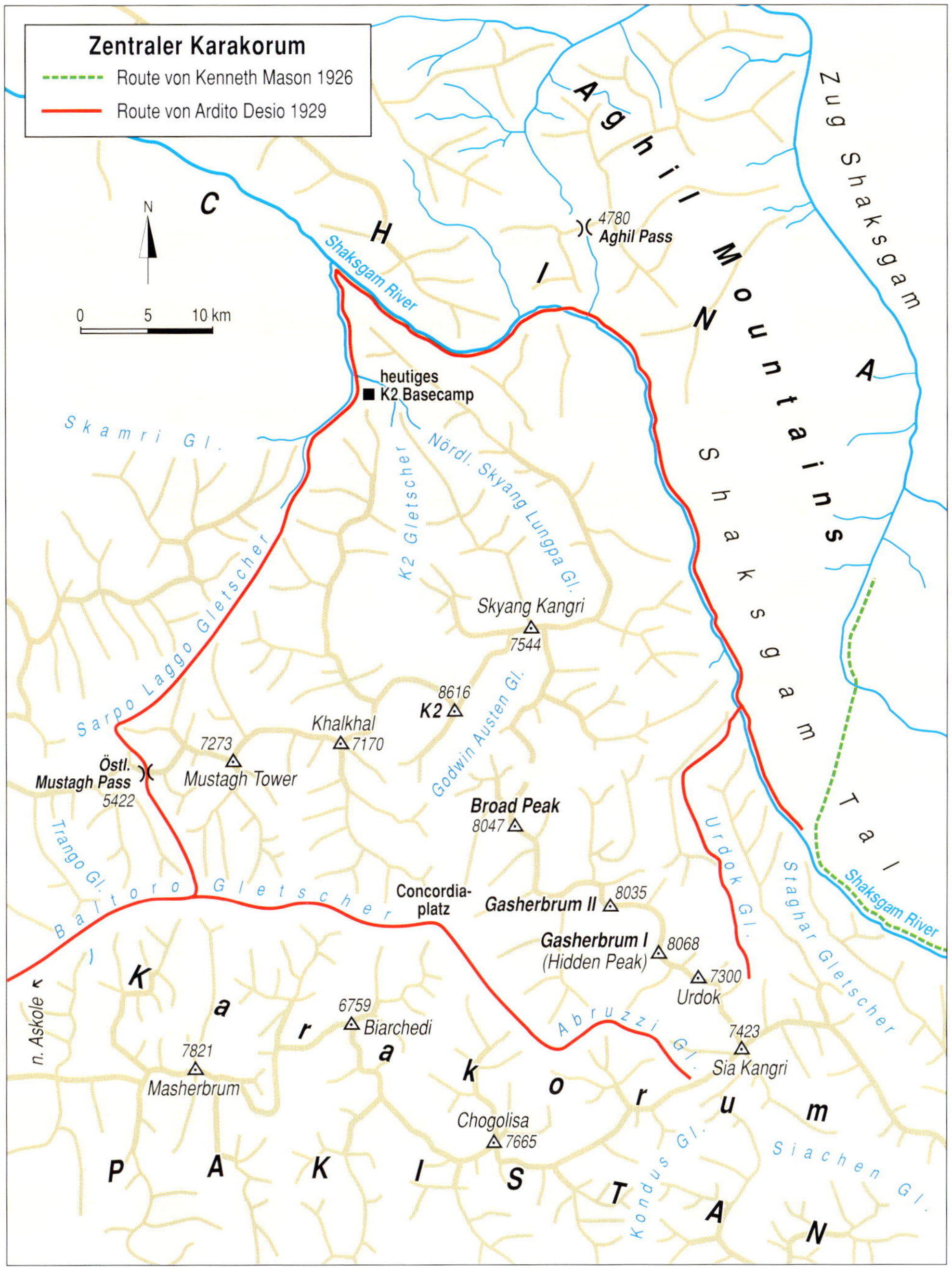


Das Hotel in Tashkurgan ist voll. Ein Fahrzeug bringt unsere kleine Gruppe samt Gepäck zum Karakulsee. Als wir dort ankommen, ist es schon finster. Wir schlafen in kirgisischen Jurten, wie ich sie von meinen Pamir-Reisen kenne. Diese Zelte sind kein touristischer Schnickschnack, sondern es sind große Rundzelte mit dicken Filzwänden, wie sie auch heute noch auf den Hochweiden Zentralasiens von kirgisischen Familien benutzt werden. Am nächsten Morgen wischen wir uns den Schlaf aus den Augen und blicken hinauf zum Mustagh Ata. Sein Name bedeutet in der Sprache der Einheimischen »Vater aller Eisberge«, und so sieht er auch aus. Noch vor wenigen Jahren stritten die Geographen darüber, ob er zusammen mit dem höheren Kongur Tagh (7719 Meter) zum Pamir gehört oder nicht. Heute zählt man ihn gewöhnlich zum Kun-Lun-Gebirge. Auf jeden Fall ist er 7546 Meter hoch, das ist sicher. Sein Anblick über der ruhigen Wasserfläche des Karakulsees ist mehr als beeindruckend. Zwei Jahre später sollte ich beim Aufstieg zu seinem Gipfel scheitern. Im Spätsommer 1996 war es mir dort oben einfach zu kalt und zu windig und ich fühlte mich nicht genügend an die große Höhe angepasst.

## Erkundung

Unsere chinesischen Begleiter bringen uns an diesem Tag bis nach Kashgar. Offiziell ist unsere kleine Expedition Gast der »China Xinjiang Mountaineering Association«, der staatlichen Bergsteigervereinigung Sinkiangs. Wir sind keine Touristen im eigentlichen Sinne, sondern wir haben die Genehmigung, den Aghilpass zu überschreiten, um jenseits unbekannte Gletscher auf der Nordostseite des K2 zu erkunden. Menschen haben längst den Mond betreten, und Raumsonden fliegen bis zum Mars – aber hier gibt es inmitten eines großen Gebirges noch Gletschergebiete, die nie besucht worden sind.

Der kleine Bus schaukelt sanft über die Straße und zieht eine lange Staubfahne hinter sich her. Ich blicke aus dem Fenster, vor meinen Augen verschwimmen der Karakulsee und der Mustagh Ata. Wie mag dieses Land vor 100 und ein paar Jahren gewesen sein, als es diese Straße noch nicht gab?

Bild links: *Francis Younghusband.*

Bild rechts: *Eric Shipton.*

## Die ersten auf dieser Seite

Die Erkundung durch Europäer begann auf der Nordseite des Karakorum erst Ende des 19. Jahrhunderts. Grund für das spät erwachte Interesse westlicher Forscher ist der schwierige und nicht ungefährliche Zugang zum Karakorum durch das Tal des Yarkand River und durch das Shaksgamtal. Es gibt heute noch Sommer mit Hochwasser, in denen es unmöglich ist, über diese Flüsse bis in das Gebirge vorzudringen. Der erste Europäer, dem das glückte, war der Dragonerhauptmann Sir Francis Younghusband, ein in Indien geborener englischer Offizier. Auf seiner ersten großen Forschungsreise, die ihn Ende des 19. Jahrhunderts durch das zentrale Asien führte, zog er 1887 als *der* große Entdecker des nördlichen Karakorum von der Mandschurei kommend über Peking, Kashgar, den Aghilpass durch das Tal des Sarpo Laggo und über den Mustaghpass nach Indien. Es war eine phantastische Reise über mehrere Tausend Kilometer. Es klingt unglaublich, aber als Younghusband hier auftauchte, war Amerika schon fast 400 Jahre entdeckt!

Während seines großartigen Unternehmens überschritt er den Karakorum von Nord nach Süd, entdeckte, für die Menschen in der westlichen Welt noch unbekannt, das legendäre Shaksgamtal und beschrieb als Erster die großen Berge und Gletscher dieser Seite des Karakorum. Dass Francis Younghusband die 30 Kilometer lange Strecke durch das Shaksgamtal in seinen Berichten nur am Rande erwähnte, verwundert nicht. Sie war nur ein kleiner Abschnitt dieser Reise, und das Tal war seinerzeit nicht außergewöhnlich. Er betrat es erstmals im September. Um diese Jahreszeit besteht der sonst wilde und unberechenbare Shaksgam nur aus mehreren harmlosen Wasserrinnen, und der Marsch oder Ritt durch das Tal ist einfach. Im späten Frühjahr und im Sommer bildet dieser Abschnitt die Schlüsselstelle für alle Expeditionen, die ins K2-Basislager gelangen wollen oder in das südliche Shaksgamtal, an den Fuß des Gasherbrum II und zum Hidden Peak, so wie wir im Sommer 1994.

25 Jahre nach Younghusbands Erkundungen von 1887 und 1889 folgte die Expedition des Italieners Filippo de Filippi. Zu seiner Zeit gab es in der Region zwischen dem Kun Lun und dem Karakorum noch immer ein Gebiet von rund 6500 Quadratkilometern, das noch nie von einem Europäer betreten worden war. Alle vorhandenen Landkarten dieser Region stützten sich auf Vermutungen und Spekulationen. Filippo de Filippi gelang es jedoch nicht, den Aghilpass zu erreichen. Er scheiterte am Wasser des Yarkand River. Der Italiener wusste von den reißenden Flüssen dieser Landschaft anschaulich zu berichten:

*»Um zu sehen, in welchem Maße unsere Tiere dem Wasserstrom widerstehen würden, trieben unsere Männer sie ins Wasser, und die Tatsache, dass diese unbeladenen Tiere zügig talab gespült wurden, überzeugte uns, dass es für unsere Karawane unmöglich war, den Fluss in seinem momentanen Zustand zu queren.«*

De Filippi gab auf und verlagerte seine Erkundungen weiter nach Osten.

Erfolgreicher war Major Kenneth Mason, wieder ein Engländer. Er kam 1926 aus dem Quellgebiet des Shaksgam und folgte dem breiten Tal lange Zeit stromabwärts. Sein Plan war es, im nördlichen Shaksgamtal auf die Route Younghusbands zu treffen, um sie dann weiterzuverfolgen. Younghusband hatte bei seiner zweiten Erkundung 1889 wegen des schlechten Wetters auf ein weiteres Vordringen ins Shaksgamtal verzichten müssen.

Kenneth Mason jedoch blieb nichts anderes übrig, als großen, seitlich vom

Karakorum herabziehenden Gletschern auszuweichen, und er gelangte so – wohl ungewollt – in ein täuschend ähnlich aussehendes Tal weiter nordöstlich. Als sich der Fehler herausstellte, war für eine Umkehr noch Zeit, aber für einen erneuten Vorstoß ins Shaksgamtal war es zu spät. Die Expedition hatte kaum noch Lebensmittel und musste umkehren. Kenneth Mason gab dem entdeckten Tal zwischen dem Shaksgam und dem Yarkand-River den Namen Zug-Shaksgam – »falscher Shaksgam«.

Seiner Expedition folgte drei Jahre später, 1929, das vorzüglich vorbereitete Unternehmen des Italieners Aiomone di Savoia-Aosta. Er war Herzog von Spoleto und Neffe des Herzogs der Abruzzen. Geld spielte bei dieser Erkundung keine Rolle, und die Italiener zäumten das Pferd von hinten auf. Die Expedition kam über Skardu und Askole von der Baltoro-Seite, begann im Süden mit ihren Forschungsarbeiten, überquerte 42 Jahre nach Younghusband wieder den Mustaghpass und stieß so auf die Nordseite des Karakorum vor. Geologe und Geograph dieser Expedition war Ardito Desio, der Expeditionsleiter der K2-Erstbesteigung von 1954. Ihm gelangen dann zwei Meisterstücke. Desio wanderte dann mit nur einem Begleiter über den gesamten Baltorogletscher und den Abruzzigletscher bis zum Conwaysattel zwischen dem Sia Kangri und dem Baltoro Kangri. Anschließend stieß er auf der Nordseite zusammen mit drei Teilnehmern durch das Shaksgamtal bis zum oberen Urdokgletscher vor. Er hatte damit die Gruppe der Achttausender nahezu

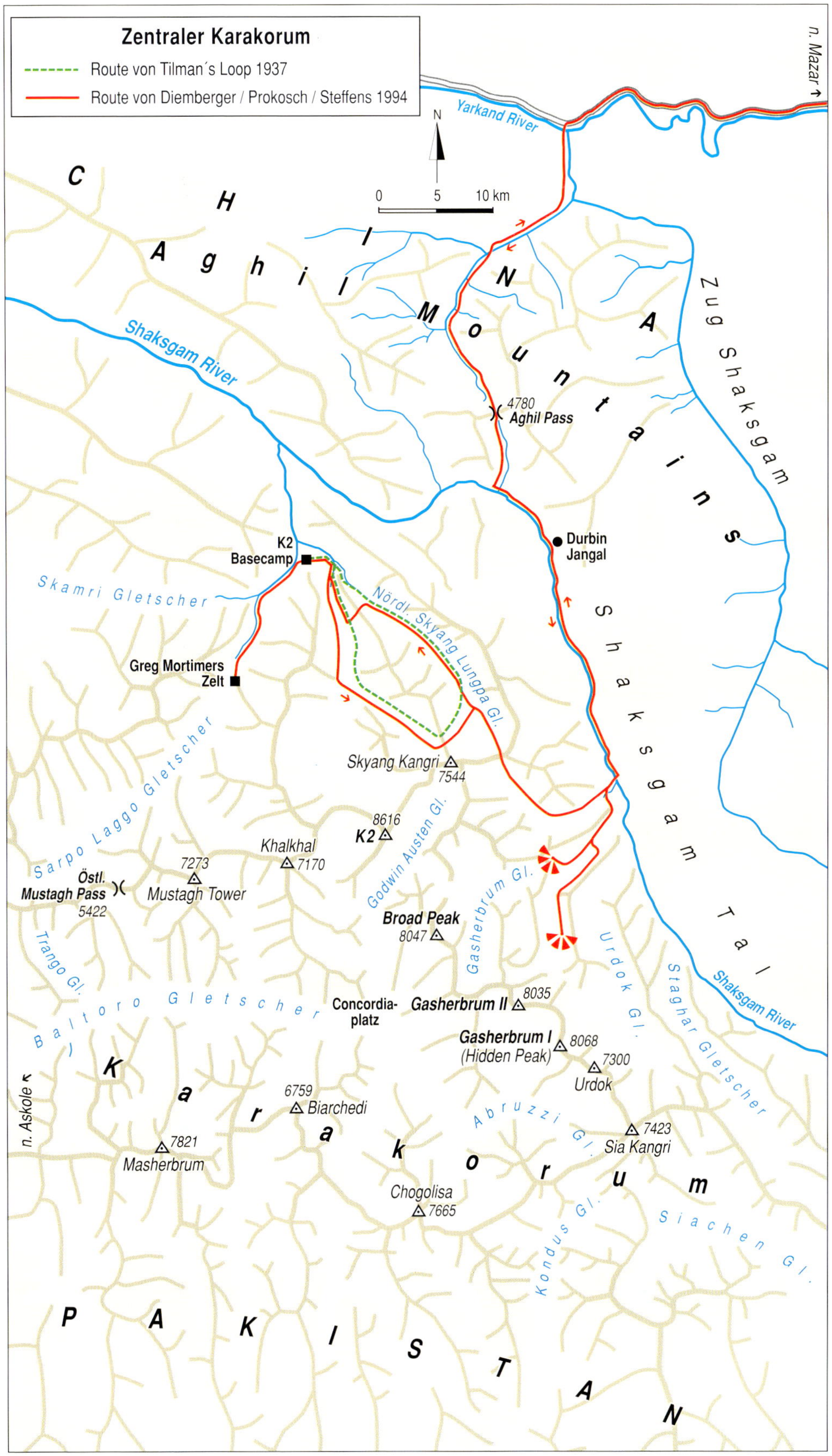

*Die Id-Kah-Moschee in Kashgar.*

vollständig umrundet. Der Versuch, den Conwaysattel von Norden zu erreichen, um so zum Abruzzigletscher und zum oberen Baltoro zurückzukehren, gelang nicht. Ein vergleichsweise winziges Stück konnte nicht überwunden werden. Aber die Expedition kam noch zu jener Stelle, an der Kenneth Mason drei Jahre vorher das Shaksgamtal verlassen hatte. Als es Juli wurde und das Wasser des Flusses von Tag zu Tag mehr anschwoll, gelangte die Gruppe über den Mustaghpass zurück nach Askole.

Die letzte »Expedition der Entdecker« kam im Jahre 1937. Sie bestand aus H. W. Tilman, J. B. Auden vom Geological Survey of India, M. Spender als Topograph und sieben Trägern. Expeditionsleiter war Eric E. Shipton. Die Gruppe verließ Srinagar am 5. Mai und gelangte am 24. Mai nach Askole. Auch sie stieß von Süden kommend in das Gebiet vor, erforschte mit sehr bescheidenen Mitteln die gesamte nördliche Umrahmung des Baltoro Mustagh und leistete bergsteigerisch wenig, für die Erforschung dieses Gebietes jedoch Außergewöhnliches. Die Männer hatten mehr als fünf Monate Zeit, und wir sollten später immer wieder auf Spuren der Engländer treffen.

## Beginn eines Abenteuers

Kurt Diemberger erkundete zwischen 1983 und 1993 mehrmals die Nordseite des Karakorum. Auch wenn er dabei gelegentlich mit Gruppen von Wissenschaftlern unterwegs war, so hatten seine persönlichen Unternehmungen jedoch nie wissenschaftlichen Charakter. Es war pure Abenteuerlust. Dabei entdeckte Kurt im Sommer 1992 eine Möglichkeit, das Gebirge entlang zweier langer Gletscher zu durchqueren, die vorher alle Expeditionen außer Acht gelassen hatten: über den East Skyang Lungpa Glacier und einen namenlosen Sattel östlich des Skyang La (Windy Gap) hinauf und über den North Skyang Lungpa Glacier hinunter. Die Realisierung dieser Durchquerung und die Erkundung der unbekannten Nordseite des Gasherbrum II waren die vorrangigen Ziele unserer »Xinjiang-Explorer-Expedition« im Sommer 1994. Auch uns trieb kein wissenschaftliches Interesse in diese Ecke der Welt – es war reine persönliche Neugier und der Wunsch,

Bilder oben: *Sonntagsmarkt in Kashgar.*

ein paar Monate fern der Welt und miteinander in diesem Gebirge zu verbringen.

Erika reißt mich aus meinen Gedanken. Wir sind in Kashgar angekommen, und wir fahren durch eine lange Pappelallee in Richtung Zentrum. Unser Unternehmen hat keinen so großzügigen Zeitrahmen wie Shiptons Expedition und noch weniger Geld, aber die Sehenswürdigkeiten dieser lebendigen Oase lassen wir uns nicht entgehen. Hier leben etwa 250 000 Menschen, und Kashgar spiegelt die Bevölkerungsstruktur des Landes wider. Die Stadt ist überwiegend moslemisch. Ihr Heiligtum, die Id-Kah-Moschee, steht im Zentrum. Die Geschichte dieser Moschee reicht bis in das 9. Jahrhundert zurück. 1981 wurde die Anlage vollständig restauriert. Ein anderes berühmtes Bauwerk ist Abakh Hoja Thomp, eine islamische Grabstätte etwas außerhalb des Zentrums. 1994 noch in gutem Zustand, musste ich bei meiner zweiten Sinkiang-Reise 1996 erleben, dass der grün gekachelte Bau viele seiner Steine verloren hatte. Heute steht am Hauptgebäude ein großes Baugerüst. Die Stadtverwaltung gibt sich bei der Restaurierung größte Mühe.

Unsere kleine Reisegesellschaft hat Glück. Der nächste Tag ist ein Sonntag. Wir besuchen den berühmten Sonntagsmarkt, den keiner, der nach Kashgar kommt, versäumen sollte. Man spricht von 50 000 Bauern, die für dieses Ereignis Woche für Woche in die Stadt pilgern, um ihre Waren anzubieten. Nun, ich habe sie nicht gezählt, aber es kommen wirklich viele. Sie besuchen das Zentrum mit vollgepackten Eselskarren, Fahrrädern, an denen manchmal zehn lebende Hühner hängen, oder einfach zu Fuß. Es gibt knusprig gebackene Fladenbrote und gebratenes Fleisch. Im großen Freigelände finden wir auch tausend andere Dinge: Körbe mit Rosinen, Nüssen, Mandeln und getrockneten Früchten; anderswo stehen Kartoffeln, Zwiebeln und Knoblauch. Wir nutzen die Gunst der Stunde und ergänzen unsere Expeditionsbestände. Ohnehin bringen wir recht wenig Expeditionsnahrung von Europa mit. Wir leben zum Großteil aus dem Land.

Nach dem Sonntagsmarkt drängen uns die Chinesen zum Aufbruch. Der zeitliche Rahmen ist beschränkt, der Sommer bald vorüber. Wir haben erstaunlich viel Bewegungsfreiheit,

Bild oben links:
*Diese Kamele zogen mit uns in den Karakorum.*

Bild oben rechts:
*Unsere Kamele im Grenzbereich zwischen nass und trocken.*

trotzdem müssen wir bei der An- und Abreise einen Zeitplan einhalten. Am Rand der Wüste Taklamakan entlang, durch die Stadt Yarkand und über die hohen Pässe des Kun-Lun-Gebirges erreichen wir die Militärstation Mazar. Es ist ein trostloses, windiges Stück Erde. Hier gibt es nur Sand, eine Kaserne, ein paar traurige Soldaten und eine schmuddelige Spelunke. Aber wir bekommen dort tatsächlich ein paar Flaschen Bier und stoßen auf den Sommer im Karakorum an.

## Ungewöhnliche Transporteure

Tags darauf treffen wir auf die restlichen Teilnehmer unserer Expedition. Sie kommen pünktlich, unsere chinesischen Freunde haben alles bestens organisiert. Wie an einer Perlenschnur aufgereiht erscheinen sie in der staubigen Landschaft. Es sind Kamele, oder genauer gesagt Trampeltiere, eine weit verbreitete, zweihöckerige Kamelart Zentralasiens. Jedes dieser muskulösen Tiere wiegt mehr als eine Tonne. Wir werden ihre Kraft brauchen.

Im Gegensatz zum erschlossenen pakistanischen Teil des Karakorum sind die Gebirgstäler auf der Chinaseite menschenleer. Keine Ortschaften, nicht einmal winzige Dörfer, nichts. Träger gibt es hier keine. So ziehen wir mit einer großen Karawane, die Bergsteiger vom zweithöchsten Berg der Welt abholt, in Richtung K2. Mit uns ist Greg Mortimer aus Australien und eine kleine Gruppe Bergsteiger. Ihr Ziel ist der höchste noch unbestiegene Berg der Erde, der Hauptgipfel des Chongtar-Massivs, 7370 Meter hoch. Er liegt dem K2 auf der Nordseite genau gegenüber. Noch wissen wir es nicht, aber Gregs Lager am Fuße »seines« Berges wird für uns später noch von großer Bedeutung sein.

Der Anmarsch zu unserem geplanten Basislagerplatz wird acht Tage dauern. Es wird eine spannende Zeit. Das Leben in einer Kamelkarawane ist einzigartig. Die großen, zotteligen Tiere sind sensibel und manchmal von unbeschreiblicher Komik. Es gibt freundliche und weniger freundliche Tiere, Naschkatzen, die einen Keks in der Hosentasche auf viele Meter Entfernung wittern, sture Böcke, die ausschlagen und spucken, und junge Tiere mit Punkfrisuren. Schon nach der zweiten Nacht, am Lagerplatz Illica, erleben wir mit ihnen einen turbulenten Morgen. Unsere Kameltreiber haben die Tiere nicht festgebunden. Sie sollen sich im steinigen Flussbett in den winzigen grünen Oasen selbst ihre Nahrung suchen können. Das ist normal. Bindet man die Tiere an, fressen sie einen grünen Platz vollständig leer. Aber einige Tiere machen größere Ausflüge, jetzt stehen sie kilometerweit verstreut. Wir schwärmen aus, um sie einzufangen. Das wird ein Kampf! Erst als Isaak zu Hilfe kommt, gelingt es mir, drei Tiere ins Lager zurückzuführen. Es passt ihnen gar nicht. Sie brüllen, spucken und zerren an den Schnüren. Bis die Kamele mit den Lasten abmarschbereit sind, vergeht ein Vormittag.

Der Weg führt uns durch trockene Wüstenlandschaft, dann wieder müssen wir reißende Flüsse durchqueren. Schon das wäre ohne die Tiere unmöglich gewesen. Es ist ein heißer August, die Gletscher schmelzen, und alle Flüsse in Sinkiang haben Hochwasser. Bis zum letzten Anmarschtag wird es unsicher sein, ob wir unser Ziel erreichen können oder nicht.

Am fünften Anmarschtag lagern wir auf einer staubigen Hochfläche nahe einer kirgisischen Sommersiedlung. Kirgisen sind Halbnomaden, und ich kenne diesen Volksstamm von meinen Reisen in den Pamir. Der Umgang mit den Erwachsenen bereitet keine Schwierigkeiten. Ihnen sind europäische Gesichter meist nicht fremd, aber für die Kinder sind wir Fremde. Als ich damit beginne, mein Zelt aufzubauen, sind sie neugierig, nähern sich aber nur skeptisch und mit größter Vorsicht. Es ist windig, und so lasse ich mit Absicht meinen Zeltsack davonfliegen. Sofort rennt ein ganzer Pulk kleiner zerzauster, schmutziger Kinder hinter dem roten Beutel hinterher, dass es nur so staubt. Sie fangen ihn, lachen über meine Ungeschicklichkeit, bringen ihn stolz zurück, und der erste Kontakt zu diesen Menschen ist hergestellt. Die älteren Kirgisen haben mich bei meinem Trick beobachtet und lachen nun auch. Wir werden zu Tee, Brot und Salz eingeladen, verbringen einen fröhlichen Nachmittag mit der großen Kirgisenfamilie und später einen netten Abend mit Greg Mortimer und seinen Leuten. Menschen außerhalb unserer kleinen Gruppe werden wir für fast zwei Monate nicht mehr sehen.

Tags darauf überschreiten wir den schneefreien Aghilpass. Die Chinesen haben ihn mit 4870 Metern vermessen. Wenig jenseits der Passhöhe blicken wir zum ersten Mal hinüber zur unbekannten Seite des Karakorum und hinunter in das Shaksgamtal. Dieses riesige Tal durchschneidet und begrenzt den Karakorum auf seiner Nord- und auf seiner Ostseite und trennt ihn deutlich vom Kun-Lun-Gebirge und von der Aghil-Kette. Es ist unbewohnt, liegt auf einer Höhe von 4000 Metern und ist gut 240 Kilometer lang. Der Talboden ist mit Kies gefüllt, und die Wasserläufe in diesem Canyon sind während der Sommermonate ungezählt, der Hauptfluss heißt Shaksgam River. Von Westen, Südwesten und Süden stoßen die Zungen großer Gletscher bis in dieses steinige Tal vor, versperren es, riegeln Flussarme ab und stauen in den Sommermonaten immer wieder das Schmelzwasser aus dem Gebirge auf.

*Eine große Hürde ist genommen: Abstieg von Aghilpass.*

Kleines Bild: *Nach dem Unfall am Shaksgam River. Kurt beruhigt das unterkühlte Kamel.*

Ob jemals ein Mensch, zu Fuß oder auf dem Kamel, von einem Ende zum anderen gelangte, ist unbekannt, wahrscheinlich ist es nicht.

## Auf uns allein gestellt

Kurz bevor wir den Talboden erreichen, trennen wir uns von der großen Karawane. Carlo und Gianni, Donatella und Daniele winken uns zu: »Buona fortuna e arrividerci – viel Glück und auf Wiedersehen«. Ich habe ein paar Brocken Italienisch von ihnen gelernt, nun wandern sie mit dem Großteil der Tiere und der Mortimer-Expedition nach Sughet Jangal. Das ist der Name der Einheimischen für den großen grünen Platz auf der Nordseite des K2. Er bedeutet »Weidenwald«. Hier errichten die meisten K2-Expeditionen ein großes Basislager für die Nordkante. Wenn alles gut geht, werden wir diesen Platz in ein paar Wochen auch erreichen, aber von der anderen Seite, über die Berge. Über allem steht ein großes Fragezeichen. Diesen »Weg« hat noch niemand versucht.

Bei uns bleiben sechs Kamele und die beiden uigurischen Treiber Usur und Isaak. Auch Benny, unser »Verbindungsoffizier« und Dolmetscher, ist mit dabei. Er ist kein Armeeoffizier, sondern Englischlehrer in Urumqui, der Hauptstadt Sinkiangs. Ein fröhlicher Bursche, der viel lacht und noch mehr raucht. In Urumqui sind jetzt Ferien. Während dieser Zeit arbeitet Benny für die Mountaineering Association Sinkiangs. Das bringt seiner Familie ein bisschen Geld – und gibt ihm

Großes Bild:
*Die Aghilberge. Wir nannten sie die »Shaksgam-Dolomiten«.*

Kleines Bild:
*Unser Lagerplatz am Nördlichen Gasherbrumgletscher. Zuhause für zwei Monate.*

die Möglichkeit, erstmals die großen Berge seines Landes zu sehen. Er bleibt bis zum Ende der Expedition bei uns, und wir werden Freunde.

Als wir im Shaksgamtal den größten und wildesten Wasserarm überqueren müssen, um jenseits in den Karakorum zu gelangen, kommt es beinahe zu einer Katastrophe. Unser schwächstes Kamel strauchelt und versinkt im eiskalten Wasser. Auf diesem Kamel saß Erika. Kurt und ich, mitten im Fluss, fest auf unseren schwankenden Tieren hockend, sehen sie in ihrem roten Anorak abwechselnd auf- und untergehen. Wir hatten mehr als einmal darüber gesprochen, dass so etwas jedem von uns passieren könnte.

»Kurt – wir müssen etwas tun!«, brülle ich gegen den gurgelnden Strom zu ihm hinüber.

Aber Kurt ist ein alter Hase, was die Gefahren unerschlossener Gebirge angeht. Er hat dieses Wasser-Roulette am Shaksgam schon einige Male mitgemacht. Jetzt schüttelt er resigniert den Kopf und antwortet mit unglaublicher Ruhe:

»Wir können nichts tun – jetzt muss sie schwimmen!«

Der Fluss ist nicht tief, vielleicht könnte ein Erwachsener sogar stehen. Aber er ist reißend und nimmt Erika einige hundert Meter mit. Erfrieren oder ertrinken? Es ist kein Scherz, sie schwimmt um ihr Leben! Mit ihr dümpeln zwei wertvolle Gepäckstücke den Fluss hinunter. Wir verlieren 30 Kilogramm Lebensmittel und einen Sack mit Bergausrüstung. Alle rennen den Fluss hinunter. Endlich klammert

Sie galt es mehrfach zu überqueren: Die ungezählten Eistürme des Nördlichen Gasherbrumgletschers.

sich Erika an einem Felsen fest, und wir fischen sie aus dem Wasser. Das Kamel rettet sich selbst ans Ufer. Im zweiten Versuch kommen wir an einer flacheren Furt weiter flussaufwärts durch. Wir sind im Karakorum!

Noch am gleichen Tag erreichen wir unseren Basislagerplatz. Eine ebene Fläche, ein großer Felsen, wenige winzige Sträucher und eine junge Moräne, die der Gletscher vielleicht vor hundert Jahren aufgeworfen hat, mehr gibt es nicht. Aber wir sind glücklich, hier zu sein. Ein paar Schritte entfernt sprudelt frisches Wasser. Es kommt von einem der Gletscher. Im September wird es so kalt sein, dass hier kein Wasser mehr fließt. Dann werden wir eine ganze Weile dafür laufen müssen. Der Platz liegt 4200 Meter hoch, für diesen Sommer ist er unser Zuhause. Zu ihm werden wir nach jeder Erkundung, ob groß oder klein, zurückkehren. Usur und Isaak ist es hier zu ungemütlich, und für die Tiere gibt es nichts zum Fressen. Sie reiten noch am gleichen Tag mit den Kamelen in Richtung Aghilpass zurück. Wir sind allein.

Auf Hunderten von Quadratkilometern kein Mensch! Ich hatte es mir vorher nicht vorstellen können. Unserem Lagerplatz gegenüber im Osten stehen die Shaksgam-Dolomiten. Richtige rotbraune Dolomiten, wie bei uns in den Alpen, alles nur ein wenig größer. Die Wände dürften 1800 Meter Höhe haben, die hohen Gipfel liegen über 6000 Meter. Am Fuß dieser Berge fließt das Wasser. Im Süden beginnt der riesige Nördliche Gasherbrumgletscher, im Westen liegen Schuttströme, Moränen und Eisberge, im Norden die kahlen Berghänge nicht erforschter Seitentäler. Wir sind eingeschlossen. Ein Zurück durch das Shaksgamtal und über den Aghilpass gibt es ohne Kamele bis zum Herbst nicht mehr. Erst dann wird der Wasserspiegel im Fluss deutlich fallen. Ende September werden Usur und Isaak mit den Kamelen wiederkommen.

Wir wandern den Nördlichen Gasherbrumgletscher hinauf und lagern unter einem unbestiegenen Fels- und Schuttberg. Kurt hat unsere Expedition nach dem Verlust meiner Lebensmitteltonne auf Diät gesetzt. Aus den Vorräten gibt es vorerst nur Kleinigkeiten, dafür Unmengen von Zwiebeln, die hier wild auf der Moräne wachsen. Für Kurt sind sie eine Köstlichkeit, Erika und ich schwärmen nicht sonderlich dafür.

Der Versuch, einen namenlosen Gipfel zu besteigen, misslingt, die letzten einhundert Höhenmeter sind zu schwierig. Aber wir haben ja gar keine bergsteigerischen Ziele. Wir wollen erkunden und, wenn möglich, das Gebirge von einem Punkt zum anderen durchqueren. Das ist für uns Aufgabe genug. Aber manchmal ist der Blick von einem Gipfel doch aufschlussreicher als aus der Froschperspektive.

Zurück im Basislager benötigen Kurt und Erika noch einige Tage zur Akklimatisation. So brechen wir vorerst nur zu kleineren Erkundungen auf. Unser Wunsch ist es, in den nächsten Tagen den Nördlichen Gasherbrumgletscher zu überqueren. Es ist

Großes Bild:
*Auf dem Nakpo Peak. Blick auf den Urdokgletscher.*

Kleines Bild:
*Der Nördliche Gasherbrumgletscher ist nicht leicht zu überqueren und erfordert eine gewisse Sicherheit im Eis.*

nicht einfach zwischen seinen eigentümlichen Eistürmen. Sie sind bis zu 50 Meter hoch und erinnern in ihrer Form an Büßerschnee. Während Kurt und Erika unser Basislager noch etwas komfortabler ausstatten, suche ich einen halben Tag lang nach einer Möglichkeit der Gletscherüberquerung. Immer wieder folge ich Eiskanälen, immer wieder enden sie in einer Sackgasse. Dann finde ich zwischen den spitzen Nadeln einen »Eispalast« mit einem türkisfarbenen See in seiner Mitte. An einer fast senkrechten Stelle entdecke ich einen möglichen Durchschlupf. Dort befestige ich mit zwei Eishaken ein kurzes Seil. Eine halbe Stunde später ist der Weg auf die andere Seite frei.

Zwei Tage später sind wir dort zusammen unterwegs, erreichen die andere Gletscherseite und besteigen den Nakpo Peak, den Schwarzen Berg. Sein Gipfel ist höher als der Montblanc, aber inmitten dieser Landschaft nur eine Laune der Natur, so etwas wie ein Sandhügel. Wir schauen auf den Urdokgletscher. Der wilde Eisstrom kommt vom Indirasattel herunter, einem Pass an der Grenze zu Indien. Das mögen mehr als 50 Kilometer von hier sein. Jenseits des Sattels liegt der berühmte Siachengletscher, der größte im Karakorum. Ardito Desio gelangte während der Spoleto-Expedition von 1929 bis in den oberen Bereich des Urdokgletschers. Ob der Aufstieg dorthin wiederholt wurde? Vermutlich nicht – andere Gletscherarme auf dieser Seite des Karakorum wurden noch nie betreten.

Der Urdokgletscher ist eingerahmt von Sechs- und Siebentausendern mit gleichem Namen. Sie sind nummeriert mit Urdok 1, 2 und 3. Nur der Hidden Peak am Ende dieser Kette ist noch höher. Wir sehen zum ersten Mal seine unbekannte Seite.

Kurt und Erika kehren am Nachmittag in unser Basislager zurück. Ich habe mein Biwakzeug dabei und bleibe noch einen Tag auf dieser Seite des Gletschers. Am nächsten Morgen besteige ich den Left-Ear-Peak, das »Linke Ohr«. Kurt wollte nicht, er war schon dort oben. 1983 war er zu Filmarbeiten auf der Nordseite des K2. Damals führte ihn eine Erkundung auch in diese Gegend. Zusammen mit Julie Tullis stieg er auf diesen Gipfel. Es war vermutlich die erste Besteigung. Warum sich Erika nicht für diesen felsigen Fünftausender interessiert?! Ich habe es nie herausgefunden.

Sie verpasst nichts. Der nächste Tag bringt Wolken. Ich steige bis auf den Gipfel, aber der Blick zur Nordseite des Gasherbrum II fällt aus. Erst als ich zu unserem Lagerplatz auf der anderen Gletscherseite zurückwandere, kommt die Sonne wieder hervor.

# EIN NEUER WEG ZUM K2

DAS ABENTEUER DER ERSTEN DURCHQUERUNG

*Schleppte im Karakorum viel: Kurt Diemberger.*

Es ist der 28. August 1994. In unserer kleinen Explorer-Expedition herrscht Aufbruchstimmung. Jetzt wollen wir wirklich wissen, ob wir durchkommen. Die erste Traversierung des Karakorum auf der Chinaseite spukt schon zu lange in unseren Köpfen herum. Wir haben den Weg in das Skyangtal erkundet und ein Depot angelegt. Einige Kilometer von hier entfernt liegen Steigeisen, Eispickel und Lebensmittel. Schwer bepackt steigen wir jetzt ein weiteres Mal zu diesem Platz auf. Ob wir den Rest unserer Ausrüstung dort oben wohl weiterschleppen können? Alles zusammen werden es pro Kopf wohl weit über 25 Kilogramm sein, recht viel für einen Gletschermarsch durch Spaltenzonen, unbekanntes Gelände und über hohe Pässe. Erika ist nur ein kleines »Persönchen«, und Kurt war 62 Jahre alt. Immer wieder wurde ihm nachgesagt, er würde auf seinen Expeditionen nichts tun, wenig tragen, faul herumliegen, die anderen arbeiten lassen. Alles falsch! Wer Kurt im Sommer 1994 gesehen hätte, könnte diesen Unsinn auch nicht glauben. Er schleppte wie wild. Und wenn ich wirklich den einen oder anderen Tag ein paar Gramm mehr getragen, ein paar Höhenmeter mehr erkundet und zum Schluss der Expedition ein Zelt vom Nördlichen Gasherbrumgletscher geholt habe, als niemand mehr gehen wollte – und? Ich bin 20 Jahre jünger als Kurt, 15 Jahre jünger als Erika. Zu dritt haben wir unseren Ideen Leben gegeben, keiner wäre ohne den anderen hier gewesen. Keiner wäre ohne den anderen durchgekommen! Wir waren ein gutes Team – ein sehr gutes!

Zwei Tage später sind wir ein weites Stück vorangekommen. Ein Hochlager liegt dem noch namenlosen Schneesattel ganz nahe. Er liegt genau zwischen dem Nördlichen und den Östlichen Skyang-Lungpa-Gletscher. Bis auf Sichtweite war Kurt während der Broad-Peak-Expeditionen in den Sommern 1992 und 1993 an diesen Pass herangekommen, dann war er wegen der vielen Gletscherspalten umgekehrt. Was auf der anderen Seite liegt, wissen wir nicht, das alles ist Neuland.

Morgenlicht an der Ostseite des K2, eisige Kälte, aber kein Wind. Der zweithöchste Berg der Erde ist aus dieser Position unglaublich schön, eine gleichmäßige, spitze Schneepyramide. Aber sind wir wirklich die ersten hier oben? Durch meinen Kopf geistert ein historisches Schwarzweißfoto. Es muss mit einem riesigen Teleobjektiv ge-

macht worden sein. Es zeigt die Gipfelpyramide des K2 aus genau unserer Position und den Umkehrpunkt einer polnischen Expedition von 1976 am Nordostsporn. Wo nur habe ich diese Fotografie gesehen? Und wer hat diese Aufnahme gemacht? Und wann? Und von wo? Vielleicht von »Sattel der Winde«? Er liegt uns genau gegenüber.

Der Tag beginnt mit einer langen Diskussion. Erika schimpft, wir hätten viel zu wenig Gas für den Weg auf die andere Seite und zurück. Übers

Großes Bild:
*Morgenlicht an der Ostseite des K2, 8616 Meter.*

Kleines Bild:
*Die Durchquerung beginnt. Aufbruch ins Unbekannte.*

Schimpfen bringt sie einiges durcheinander, mit dem Ergebnis, dass wir nicht drei große Löffel Zucker, sondern eine gute Portion Salz in unseren »early morning tea« bekommen. Ich trinke als Erster und spucke das Gebräu in hohem Bogen wieder aus. Danach ist mir speiübel. Tragisch ist das, weil das Teekochen hier oben über eine Stunde dauert und unsere Gasvorräte beschränkt sind. Erika beginnt von vorn, und die Diskussion geht hin und her. Jetzt ist auch Kurt nicht mehr sicher.

Wir haben eine sehr genaue Planung, und wir haben noch einen Trumpf in der Hand: Während der Sommermonate war eine große italienische Expedition an der Nordkante des K2. Sie ist in diesem Augenblick auf dem Heimweg. Der Leiter dieser Expedition war Don Arturo de Bergamaschi aus Bologna, ein guter Freund von Kurt. Don Arturo weiß von unserer geplanten Durchquerung, und er hat uns lange vor der Expedition felsenfest versprochen, drüben am K2-Basecamp eine Tonne mit Lebensmitteln zu deponieren, bevor er mit seiner Expedition abzieht. Diese Tonne war immer ein fester Bestandteil in unserer Kalkulation gewesen, wenn auch mit einer Unbekannten: Werden sie uns auch Gas zurücklassen? Und wenn ja: Passen diese Kartuschen an unsere Brenner? Schließlich machen wir dem ganzen Hin und Her um unseren Brennstoff ein Ende. Ich werde in einem Tag die zwei Tagesetappen zum Basislager zurücklaufen, einige Gaskartuschen holen und am nächsten Tag wieder heraufkommen. Ich bin gut in Form, und mit einem leeren Rucksack sollte die Strecke hinunter und wieder hinauf bis zum nächsten Tag zu schaffen sein. Sicher ist sicher, und die Zeit spielt bei uns keine große Rolle. Kurt und Erika sollen in dieser Zeit unseren Sattel erkunden; wenn ich zurück bin, wollen wir ihn überschreiten. Wir werden uns

Kleines Bild: *Der Nördliche Skyang-Lungpa-Gletscher (mit unserer Route).*

Großes Bild: *Ein Bilderbuchübergang und von uns erstmals überschritten: der East Skyang La.*

einig, und schon am Nachmittag bin ich im Basecamp zurück. Benny, der hier auf unsere Rückkehr wartet, staunt nicht schlecht. »You have some problems – maybe an accident«, fragt er, »irgendwelche Probleme, ein Unfall?« Benny ist stets in Sorge um uns. Ich berichte ihm schnell von unserer Diskussion am Sattel, und er lacht: »It's a long way for two cartridges of gas – ein langer Weg für zwei Gaskartuschen!« Ich finde die Situation gar nicht so komisch.

Fast noch in der Nacht bin ich wieder unterwegs, die Strecke ist lang. Als ich nach 25 Kilometern, 1000 Höhenmetern und vielen Stunden wieder in die Nähe unseres Lager komme, glaube ich meinen Augen nicht zu trauen. Weit über mir, unter einem runden Eisgipfel, entdecke ich zwei kleine Punkte. Sie bewegen sich langsam aufwärts. Es sind Kurt und Erika, sie machen eine Erstbesteigung. Ja – manchmal ist der Blick von oben doch interessanter! Aber sie werden nicht ohne mich blicken!

So schnell ich jetzt noch kann, schwindle ich mich im Zickzack durch die vielen Gletscherspalten oberhalb unseres Lagers. Als ich außer Atem und mit weichen Knien am winzigen Sattel unter der Gipfelkalotte ankomme, sind die beiden gerade von der Schneekuppe zurück.

»Wie hoch?« – »Fünfachtfuffzig, vielleicht aber auch über 6000. Du weißt, Erikas Höhenmesser.«

Kurt verdreht die Augen und macht eine abfällige Handbewegung. All unsere Messungen sind nicht sicher. Erika hatte ihr Instrument vor dem Abflug in Wien zum letzten Mal justiert!

Zusammen mit Erika steige ich noch einmal hinauf. Wir messen noch einmal 5850 Meter und sehen erstmals auf »unseren« Sattel und auf den North Skyang Lungpa Glacier. Dort unten war noch kein Mensch. Am folgenden Tag werden wir diesen Gletscher überschreiten.

## Die Ersten am Sattel

Der Aufstieg zum Sattel ist leicht, aber der Geltscher ist voller Spalten. Aus diesem Grund gehen wir angeseilt. Nach zwei Stunden stehen wir in der Senke zwischen zwei großen Gletscherbergen, und wir sind dem Skyang Kangri (7550 Meter) sehr nahe. Die frühen Expeditionen in diesem Gebiet nannten ihn »Staircase Peak«. Der

*Ein faszinierendes Gebilde: Der K2 von seiner Nordostseite.*

Höhenmesser zeigt 5255 Meter, aber wir rechnen stets plus/minus 200 Meter. Eine geringe Höhe für diese Gegend, trotzdem freuen wir uns, als hätten wir einen Achttausender bestiegen. Wir sind wirklich die ersten Menschen an diesem Platz. Man nennt ihn heute »East Skyang La«, den Östlichen Skyangpass.

Doch in unsere Freude mischt sich Besorgnis. Das Wirrwarr von Gletscherspalten vor uns sieht nicht gut aus. Der Eisstrom jenseits des Passes ist zwar flach, aber nach einem Durchschlupf werden wir lange suchen müssen. Wir bleiben angeseilt. Als wir schließlich unsere Gurte ablegen und unsere Eisausrüstung bei einem markanten Felsen an der rechten Gletscherseite bis zu unserer Rückkehr auf dieser Route deponieren, scheint noch die Sonne. Wenig später legt sich Nebel auf den Gletscher. Unsicher tasten wir uns durch den grauen Brei. Wir sind nicht sicher, wo wir übernachten werden, doch am Abend finden wir den idealen Lagerplatz. Der Boden ist aus weichem, schwarzem Sand, und wir haben frisches Wasser. Um uns herum stehen die prächtigen Eistürme eines Seitengletschers, für den wir keinen Namen wissen. Während wir unser Zelt aufbauen, finde ich ein Stückchen Kalk – mit einer Versteinerung, einer Muschel! Dort, wo heute vier der höchsten Eisgipfel bis über 8000 Meter in den Himmel ragen, war einst ein Meer. Ich habe es gelesen und ich weiß es, aber begreifen werde ich es wohl nie.

Der Morgen bringt wieder gutes Wetter. Der Nebel im Skyangtal ist verschwunden. Über uns ein strahlend blauer Himmel. Wir sind dem K2 an seiner äußersten Nordostecke jetzt ganz nah. Einen halben Tag lang können wir während unserer Wanderung zu ihm hinüberschauen, dann verdecken kahle Schutthänge den Blick. Ein paar Stunden später ziehen wir über eine junge Moräne unter den Wänden der Shaksgam-Dolomiten talaus. Es geht zügig bergab, wir haben die Gletscherregion verlassen.

*Tilman's Wegweiser?*

## War jemand hier?

Kurz unterhalb des Gletschers stoßen wir plötzlich auf ein Zeichen. Es sind nur zwei Steine, aber sie liegen nicht zufällig so! Der große ist eindeutig ein Markierungsstein, der kleinere weist eine Richtung. Wer ist hier gewesen?

Mehr als ein halbes Jahrhundert vorher, als Eric Shiptons Expedition 1937 die Nordseite des Baltoro Mustagh, große Teile der Aghilketten und den Panmah Mustagh erforschte, nannten die Engländer den heutigen North Skyang Lungpa Glacier noch Staircase Glacier. Während dieser Expedition soll Shiptons Partner Herold W. Tilman eine geheimnisvolle Runde gelungen sein. Tilman hat über diese Erkundung nie etwas geschrieben, und Shipton tat die Angelegenheit in seinem Buch »Blank on the map« mit drei Sätzen als bedeutungslos ab: »... The next morning Tilman arrived. He had managed to reach the Staircase glacier and to follow it down. In the bad weather he had seen very little but it was an interesting trip, and his compass bearings have been a help in plotting that section of the map.«

Tilman hatte also den Staircase Glacier erreicht, war ihm nach unten gefolgt und hatte nicht viel gesehen. Trotz des schlechten Wetters soll es ein interessanter »Ausflug« gewesen sein. Tilman hatte sogar mit dem Kompass gemessen. So gut, dass es ausreichte, den Teil einer Karte zu entwerfen. Und das alles bei wenig Sicht?!

Wir standen vor zwei Steinen und mehreren Rätseln ...

War das wirklich einer von Tilmans Wegweisern, den wir fanden? Hatte er ihn im Nebel hier ausgelegt? Lagen diese zwei Steine seit über 50 Jahren so, und an welcher Stelle hatte Tilman den heutigen North Skyang Lungpa Glacier erreicht? Ist nach ihm noch jemand hierher gekommen? Die Chinesen sicher nicht, davon hätte man uns erzählt. Wer dann? Dieser Teil Sinkiangs war nach Shiptons Expedition für Ausländer viele Jahre lang gesperrt, und niemand hat jemals geschrieben, über den Staircase Glacier gegangen zu sein. Ich erinnerte mich an das, was Shipton schrieb: »He had managed to reach the Staircase glacier and to follow it down ...«

Tilman hatte den Gletscher erreicht und war ihm gefolgt. Aber wie weit? 100 Meter, einen Kilometer, zwei?

Dyhrenfurth erwähnt in seinem Standardwerk »Der dritte Pol«, in dem Himalaya und Karakorum ausgiebig behandelt werden, diesen Gletscher mit keinem Wort. Nur Shipton schrieb später noch einmal über Tilmans Unternehmung:

»... Tilman and I climbed an isolated Peak about 20 700 feet ...«

Sie bestiegen einen allein stehenden Gipfel mit einer Höhe von mehr als 6310 Metern.

Diese Beschreibung passt allein auf den namenlosen Berg zwischen dem K2-Gletscher und dem North Skyang Lungpa Glacier. Dann trennten sie sich.

»Tilman crossed from the K2 glacier on to a large glacier which we had seen from the Peak, flowing down from the north face of Skyang Kangri along the southern side of the dolomit walls of the Shaksgam.«

Shipton beschreibt also, dass Tilman vom K2-Gletscher zu einem Gletscher hinüberging, der sich von der Nordseite des Skyang Kangri entlang der Shaksgam-Dolomiten erstreckt, und dass sie diesen Gletscher von ihrem Berg aus gesehen haben. Doch das bedeutet nicht, dass Tilman diesen Gletscher bis zu seinem Ende begangen hat!

Kurt Diemberger und seine Partnerin Julie Tullis fanden 1983 auf Spenders Karakorumkarte, die als Ergebnis der Expedition von 1937 entstand, ein dünne rote Linie. Diese Linie führt um jenen namenlosen Gipfel, den Tilman und Shipton 1937 gemeinsam bestiegen hatten. Dieser Berg steht heute mit 6350 Meter in den chinesischen Kammverlaufskizzen, und sie nannten die rote Linie auf der Karte »Tilman's Loop«.

Sollte Tilman diesen großen Gipfel tatsächlich allein umrundet haben? Schaut man sich auf der Kartenskizze den Hinweg und den Rückweg unserer Expedition von 1994 an, so wird deutlich, dass wir alle Strecken dieser geheimnisvollen Tilman-Runde begangen haben – mit einer Ausnahme: Wir sind nicht durch die Schlucht am Nordende des Skyangtals gegangen.

Alle Etappen zusammengerechnet dauert dieses Unternehmen mindestens drei Tage, so dass Shipton dieser Erkundungstour bestimmt größeres Gewicht beigemessen hätte. Die geheimnisvolle Strecke Tilmans führt unmittelbar an der Nordostseite des K2 vorbei. Diese Seite war 1937 noch vollkommen unbekannt, der zweithöchste Berg der Welt war unbestiegen! Auf dieser Runde quert man unter dem Skyang Kangri ein spaltenreiches Gletscherbecken, besteigt einen faszinierenden Schneesattel, steht dort dem K2 genau gegenüber, hat jenseits einen steilen, schwierigen Abstieg und einen unbekannten Heimweg über den Staircasegletscher bis ins Basislager. Und darüber nur ein paar Worte in Shiptons Buch über eine Expedition, die ein Gebiet fünf Monate kartographiert, erkundet und erforscht hat?!

*Aufstieg zur Scharte, die uns den Ausweg brachte.*

Wenn Tilman den großen Berg umrundet und nichts gesehen hat, weil das Wetter und die Sicht schlecht waren, konnte er nicht mit dem Kompass messen. Wenn er aber mit dem Kompass messen konnte, hätte er das, was er sah, irgendwo beschrieben. Der K2 und die Landschaft um ihn herum sind auch für einen nüchternen Engländer zu gewaltig und zu faszinierend, als dass man als Forscher darüber den Rest seines Lebens geschwiegen hätte!

War Tilman diese Runde wirklich vollständig gegangen? Alles, was wir in den nächsten zwei Tagen im Skyangtal erleben sollten, spricht dagegen!

## Schluss, aus?

Wir haben noch einen gemütlichen Tag – und dann ist plötzlich Schluss! Es geht nicht mehr weiter. Dabei waren wir so sicher …

Kurt hatte zusammen mit Julie Tullis das allerletzte Ende der Schlucht nördlich des Skyang Lungpa Glacier erkundet. Das war 1983. Sie kamen vom K2-Basecamp. Der Weg war, erinnert sich Kurt, nicht schwierig. Wir sind fest davon überzeugt, dass wir dort das Skyangtal verlassen können. Wir haben für eine kurze Abseilstelle sogar Haken und etwas Reepschnur dabei. Aber jetzt sind wir ratlos. Irgendetwas

Abstieg von unserer Scharte mit Blick in Richtung Süden: Seine Majestät, der K2.

stimmt mit dieser Schlucht nicht. Ist sie tiefer geworden? Der Grund der Schlucht liegt sicher 200 Meter unterhalb von uns. Dort rauscht das Wasser. Nichts entspricht Kurts Erinnerung. Hat er sich geirrt, hat er im dazwischenliegenden Jahrzehnt Wesentliches vergessen, oder hat sich die Landschaft in den letzten zehn Jahren so verändert? Unmöglich! Selbst 100 Karakorumwinter formen nicht eine völlig andere Landschaft.

Wir finden nur eine logische Erklärung: Wir sind noch nicht weit genug talaus! Sicher ist eines – dort unten kommt niemand durch, man kommt dort noch nicht einmal hinunter! Wir werden es auch nicht versuchen. Seit Erika beim Anmarsch im Shaksgamfluss beinahe ertrunken wäre, gehen wir kein Risiko mehr ein.

Ohne den schweren Rucksack erkunde ich die Schuttflanke über der Schlucht. Vielleicht können wir hoch oben queren? Ich komme bald zurück, es ist lebensgefährlich. Der Fels ist brüchig, die Flanke ist an einigen Stellen beinahe senkrecht. Wenn einer von uns auch nur strauchelt, ist er tot. Auch Tilman kann hier niemals durchgekommen sein! Aber wo dann? Meine Augen wandern zu den ungezählten Zacken, Scharten, Schärtchen und Rinnen. Könnte es dort oben in den Felsen einen Ausweg geben? Nirgendwo schreibt Shipton, dass Tilman einen zweiten Pass überschritten hat. Die rote Linie auf Spenders Karte zeigt das auch nicht. Ging Tilman 1937 wirklich durch das Skyangtal zum K2-Basecamp hinaus?

Es ist sehr gewagt, zwei Sätzen, vor 60 Jahren geschrieben, zu widersprechen – aber ging Tilman den »Loop« wirklich vollständig? Wir finden auf diese Frage keine Antwort – und am Talende keinen Ausgang! Was bleibt, ist ein uns unmöglich erscheinendes Wegstück von rund zehn Kilometer Länge.

Wir sitzen in der Falle, und wir müssen eine Lösung finden. Wenn Tilman, von Sughet Jangal kommend, irgendwo den North Skyang Lungpa Glacier erreicht hat, so muss er einen Sattel überschritten haben. Wir kennen diesen Sattel. Er schließt das Gletscherbecken nördlich des Skyang Kangri ab. Kurt und Julie waren dort. Jetzt will niemand von uns zu diesem »Tilman-Sattel«. Er liegt zwei Tagesmärsche hinter uns bergauf!

Die Durchquerung aufgeben, zurückgehen? Wir können nicht einmal das! Unsere Lebensmittel sind fast zu Ende. Wir müssen jetzt von hier hinüber! Das Lebensmitteldepot der Italiener im K2-Basecamp ist unsere letzte Hoffnung. Die Tonne von Don Arturo, die italienischen Spaghetti, der Schinken, die Salami. Wir träumen schon seit Tagen davon. Wir sind fünf Tagesmärsche von unserem Basecamp und von Benny entfernt. Finden wir das Depot nicht, dann … Wir wagen nicht daran zu denken!

## Durchschlupf

Wir besprechen uns, dann steige ich hinauf. Der Aufstieg über das extrem steile Schuttfeld ist die Hölle. Aber dort, wo der Kamm am höchsten hinaufreicht, finde ich zwischen zwei schlanken Felstürmen wirklich einen engen Durchschlupf. Neugierig schaue ich über die scharfe Felskante und sehe eine kleine Schlucht. Darunter liegt eine steile Schrofenwand. Ich steige hinunter, immer ganz vorsichtig. Als ich eine exponierte Kanzel erreiche und in die Tiefe blicke, bin ich sicher: Hier und nirgendwo anders werden wir absteigen. Der K2 liegt weit von hier, aber der Blick dorthin ist von einzigartiger Schönheit. Dieser makellose Berg …

Und wieder fällt mir Tilman ein: Hätte er das gesehen, so hätte er es beschrieben. Hatte er keine Sicht, wäre er niemals über diese Wand abgestiegen. Alles erscheint so logisch, aber dieses Land ist voll von Geheimnissen!

500 Meter unter mir liegt der K2-Gletscher. Ein System von schuttgefüllten Rinnen, Couloirs und brüchigen Felsstufen führt zu ihm hin.

Am nächsten Morgen steige ich noch einmal hinauf. Sicher klettere ich jenseits über den steilen Abbruch hinunter. Eine Stunde später bin ich dem K2-Gletscher sehr nahe. Die letzten Meter des Abstiegs erkunde ich sehr genau. Wenn wir mit unserer Ausrüstung entgültig hier hinübersteigen, um das K2-Basecamp Sughet Jangal zu erreichen, soll es nicht den geringsten Zweifel geben. Eine plattige steile Felsrinne läuft ohne Abbruch in einem Blockkar aus. So schnell ich kann, steige ich zurück.

## Geschafft!

Mit Kurt, Erika und einem schweren Rucksack überschreite ich die Scharte am Nachmittag ein drittes Mal. Kurt

*Diese winzige Scharte zwischen den Skyangtal und dem K2-Gletscher brachte den Ausweg.*

ist von der Enge der Scharte beeindruckt und gibt ihn den Namen »Rollo's gate«. Den Abstieg über Schutt und sandbedeckte, von eiszeitlichen Gletschern geschliffene Platten ohne ein Seil und mit den schweren Rucksäcken, wird Kurt später einmal so beschreiben:

»We made it, but I shall never forget! I wouldn't wish it anyone.« Kurz: Er wünscht es niemandem!

Als es Abend wird, biwakieren wir auf der Randmoräne des K2-Gletschers. Wir sind unserem Ziel jetzt sehr nahe.

Am nächsten Vormittag finde ich auf der anderen Gletscherseite einen Abfallhaufen. Auf ihm liegen etwa 20 Pakete italienische Spaghetti. Die meisten sind verdorben, aber ich entdecke auch drei brauchbare Schachteln und packe sie ein. Das K2-Basislager kann nicht mehr weit sein, es gibt wieder Müll und eine ausgetretene Spur im Geröll. Nach zwei Stunden blicke ich in das Shaksgamtal und auf die Oase Sughet Jangal, auf den »Weidenwald«! Dort liegt der chinesische Basislagerplatz für den K2. Es ist ein wunderbarer Augenblick – die erste Durchquerung des Karakorum auf der Chinaseite zwischen den Achttausendern ist gelungen! Der Hunger ist für einen Moment vergessen.

Sughet Jangal ist verlassen. Es ist niemand mehr hier. Für die K2-Expeditionen ist der Sommer längst zu Ende. Anfang September ist es am Berg schon wieder viel zu kalt. Sie sind nach Hause gegangen. Als Kurt und Erika ankommen, habe ich schon zwei Stunden gesucht. Keine Tonne von

*Der K2 und ein Gipfel der Chongtargruppe (rechts).*

Don Arturo, null italienische Pasta, kein Schinken aus Parma, Salami niente. Aus! Aus und vorbei! Das war's!

## Greg Mortimers Zelt

Kurt knabbert die Spaghetti vom Abfallhaufen! Besonders ungekocht findet er sie köstlich. Vorher hatte er aus den sonderbaren Pilzen, die hier wachsen, eine schwarze Suppe gebraut. Erika und ich hatten lieber gehungert.

»Wir könnten Greg Mortimers Basislager unter dem Chongtar Peak suchen«, schlägt Kurt jetzt vor, »es kann höchstens einen Tag von hier entfernt sein! Ich hatte gesagt, dass wir vielleicht zu Besuch kommen. Greg sagte, er hat genug zum Essen. Er sagte auch, wir könnten etwas davon bekommen. Und weißt du, Rollo, da war eine hübsche Ärztin dabei ... Du sprichst doch Englisch!«

Ich lege mich auf den Rücken und starre die Decke unseres Zeltes an. Es prasselt auf das Dach, schon seit Stunden.

Gern will ich hier nicht raus: »Lassen wir es lieber! Schau dir die Bergwildnis um uns herum an! Und du willst irgendwo ein kleines Zelt finden oder zwei!? Und außerdem – hör dir diesen Regen an.«

»Um elf Uhr hört es auf! Immer, wenn es irgendwo auf der Welt morgens regnet, hört es um elf Uhr auf!«, antwortet Kurt mit Überzeugung.

Es ist mir schleierhaft, wo Kurt seine Weisheiten hernimmt. Aber nun gut, er ist älter. Wenn Kurt sich irgendetwas in den Kopf gesetzt hat ...

Ich habe nicht die geringste Lust, mit ihm loszulaufen, aber er ist mein Freund. Ich lasse ihn nicht allein gehen und richte meine Sachen her.

Als ich fertig bin, ist es elf Uhr, und es regnet nicht mehr! Wir folgen dem Sarpo-Laggo-Gletscher. Er führt zum Mustagh La. Über ihn erreichte Francis Younghusband 1887 die andere Karakorumseite, das heutige Pakistan. Der Übergang ist relativ einfach, aber jetzt nicht mehr möglich, militärisches Sperrgebiet. Vor 150 Jahren hätte man uns für das frevelhafte Vordringen in diese Gegend geköpft, gevierteilt oder geblendet.

## Kurts siebter Sinn

Wir laufen jetzt schon den ganzen Vormittag. Es ist windig und kalt, manchmal beginnt es zu nieseln. Ich glaube, Kurt hat Hunger. Er geht scharfes Tempo. Wir legen eine weite Strecke zurück – und wir sehen nirgendwo ein Zelt. Kein rotes, kein blaues, kein gelbes. Ein paar Mal habe ich schon, ein wenig respektlos, gesagt: »Kurt! Dein Altersstarrsinn ist nicht zum Aushalten! Lass uns umkehren, lass uns unsere Kräfte sparen. Wir müssen zurück, wir finden hier niemanden. Und wir müssen die Tonne von Don Arturo suchen!«

Er murmelt etwas wie: »Kannst ja zurückgehen!«

Wenn Kurt sich etwas in den Kopf gesetzt hat …

Jetzt: Mit einem Mal hat er die Nase ein wenig mehr vorgestreckt, als würde er etwas wittern. Ist das Kurts berühmter siebter Sinn? Er geht noch schneller. »Kurt!« Ich stampfe mit dem Fuß auf.

Keine Reaktion, dann, außer Atem: »Rollo, nur noch über diesen Hügel, dort über die Moräne …«

Wir sind schon Stunden gelaufen. Mir dreht es vor Hunger fast den Magen um, meine Beine wollen nicht mehr, dort hinter den Hügeln ist nichts, aber er geht weiter und er wittert, er wittert und er geht … Jetzt kommt die Moräne, wir biegen um die Ecke ... Nein! Wir brüllen aus vollem Hals, halten uns fest, wir umarmen uns. Dort stehen Greg Mortimers Zelte! Das ist nicht wahr, das ist nur eine Fata Morgana!

Im vorgeschobenen Basislager des K2 auf seiner Nordseite finden wir Don Arturos Tonne.

Wir sitzen auf zwei Plastiktonnen, und wir schmatzen. Kurt testet Gregs australischen Käse, und ich koste australische Schokolade, Kekse und Fruchtbonbons. Eigentlich kosten wir alles durcheinander! Die Tonnen sind randvoll! Der Inhalt würde für eine ganze Garnison ausreichen. Sonst ist niemand hier. Wir essen noch ein halbes Stündchen, packen uns eine »kleine Notreserve« in die leeren Rucksäcke und schreiben den Australiern einen Brief. Es ist der 6. September. Greg Mortimer und seine Freunde waren oben am Chongtar Peak, und die hübsche Ärztin war, wie wir später erfuhren, schon wieder zu Hause.

Zwei Tage später finden wir im vorgeschobenen Basislager, fast am Fuße des K2, die Tonne von den Italienern. Wir essen, nein, wir völlen, stundenlang. Salami, Schinken, Fischkonserven, alles köstlich! Guter Don Arturo! Ich habe für ihn gebetet!

Der Rückweg dauert sechs lange Tage. Wir wählen die Route über den Tilman-Sattel, »unseren« East Skyang La und kämpfen zwei Tage lang gegen den Wind und den knietiefen Neuschnee. Während der Regentage in Sughet Jangal hat es die hohen Pässe völlig zugeschneit. Die Luft ist raus, und unsere Nerven sind aufs Äußerste angespannt. Als wir von Tilmans Sattel absteigen, stürze ich beim Sprung über eine Randkluft auf einen scharfen Granitblock; danach klafft ein sechs Zentimeter langer Riss am linken Bein. Humpelnd und müde erreiche ich unsere Zelte, unser Basecamp und den strahlenden Benny. Es ist der 11. September. Wir sind wieder »zu Hause«!

# EIN GESCHENKTER TAG

## DER ERSTE BLICK IN DIE NORDWAND DES GASHERBRUM II

*Noch undurchstiegen: Die 3000 Meter hohe Nordseite des Gasherbrum II.*

Kurt und ich gönnen uns nur eine kurze Pause. Dann ziehen wir noch einmal los. Es werden die schönsten Tage dieser großen Erkundung, und wieder wird es ein Aufbruch ins Unbekannte. Ziel ist die rund 3000 Meter hohe Nordwand des Gasherbrum II. Sie liegt mindestens drei Tage von unserem Basislager entfernt. Klettern wollen wir in dieser Wand nicht, für unser Zweimannteam wäre sie viel zu schwierig und zu groß. Wir wollen den Zugang zur Nordseite erkunden. Kein Mensch hat diesen Abbruch je aus nächster Nähe gesehen, eine Durchsteigung wurde noch nie probiert. Blickt man auf die riesigen Gletscher, Eisbrüche, Berghänge und Moränen um uns herum, ist schon die Erkundung ein fast aussichtsloses Unternehmen.

Es ist Mitte September, und jetzt ist alles anders als noch vor ein paar Wochen. Es wird rasch Herbst. Die Sonne zieht ihren Bogen deutlich tiefer, und die Shaksgam-Dolomiten liegen während des ganzen Tages in einem weichen Licht. Kurt und ich wissen von einem kleinen See auf der anderen Seite des Nördlichen Gasherbrumgletschers. Dort schlagen wir unser Zelt auf.

»Wenn wir morgen die Nordwand wirklich erkunden wollen«, sagt Kurt noch vor dem Einschlafen, »müssen wir in aller Herrgottsfrühe draußen sein.«

Ich ahne Unheil! Immer dann, wenn wir während dieser Reise von »Herrgottsfrühe« sprachen, wurde es später Vormittag, bevor wir uns in Be-

wegung setzten. Aber meine Vorahnungen sind dieses Mal unbegründet, am nächsten Tag sind wir früh draußen. Zu früh, denn es ist noch lausig kalt. Doch vor uns liegt der See und dahinter stehen die Achttausender. Es ist ein glasklarer Morgen, wie ich ihn vorher und nachher nie mehr erlebt habe. Der Karakorum macht uns an diesem Tag sein großes Geschenk! Jenseits einer Reihe spitzer Eisnadeln schimmert es weiß. Am Broad Peak und am K2 sind große Riffeleiswände und Hängegletscher in den Gipfelzonen mit bloßem Auge detailliert zu erkennen. Dabei sind diese Eisflanken viele Kilometer Luftlinie von uns entfernt. Beide Gipfel spiegeln sich mit ihren unbekannten Seiten in unserem See wider. Kurt fixiert »seine Berge«. Den Broad Peak nennt er den »immer wiederkehrenden Meilenstein in meinem Leben«. 1957 war er sein erster Berg im Himalaya und eine Erstbesteigung, und 1982 stieg er mit seiner Partnerin Julie Tullis noch einmal zum Gipfel hinauf. Dazwischen lag sein halbes Leben. 1991 war er dabei, als Katalanen die unbekannte Seite erkundeten, 1992 ein zweites Mal.

Seinen Traumberg, den K2, den »großen Kristall«, konnte er 1986 nach vielen Anläufen besteigen – aber um welchen Preis! Seine Gefährtin Julie blieb für immer dort oben …

Wir kennen uns gut. Ich weiß, an was Kurt an diesem Morgen denkt.

Und was denke ich in diesem Augenblick? Fast 40 Jahre nach der ersten Besteigung des Broad Peak stehe ich mit einem der Achttausenderpioniere auf der unbekannten Seite dieses Berges. Kurt erzählt mir von Hermann Buhl und von 1957 und von vielen Erfahrungen und Erlebnissen. Das ist mein Geschenk. Rundum soll es für uns beide ein »geschenkter Tag« werden.

Aber was in den nächsten Stunden noch kommt, wissen wir nicht. Hinter unserem Zelt beginnt ein steiler Schutthang, und wer kann schon über einen Berg sehen?

Wir lassen das blaugelbe Kuppelzelt stehen und brechen nur mit dem Notwendigsten auf. Die erste Stunde wird mühsam. Wir stecken in einem Labyrinth. Die Moräne ist wild, an vielen Stellen aufgebrochen. Mal gehen wir auf ihr, dann wieder steht ein steinernes Ungetüm haushoch über uns. Es gibt große, wassergefüllte Löcher und

Bild oben links:
*Drei Tagesmärsche von unserem Basislager entfernt: Der Gasherbrum II und seine undurchstiegene Nordwand.*

Bild oben rechts:
*Es wird Herbst. Die Sonne zieht ihren Bogen deutlich tiefer, und die Shaksgam-Dolomiten liegen während des ganzen Tages in einem weichen Licht.*

Bild oben links: *Am Ziel – nur 5700 Meter hoch, doch auf einer eindrucksvollen Aussichtskanzel.*

Bild oben rechts: *Noch nicht durchstiegen: die unbekannte Seite des Gasherbrum II mit seinem 3000 Meter hohen Nordpfeiler.*

immer wieder neue Rätsel, wie überall in dieser Landschaft. Kein Weg und keine Fußspur, kein Steinmann helfen uns weiter. Wenn es geht, wollen wir den Boden des Nakpogletschers erreichen, der in dieser Gegend von Süden kommend in den Nördlichen Gasherbrumgletscher fließt. Aber immer wieder suchen unsere Augen am großen Berghang über dem Gletscher nach einer besseren Möglichkeit. Beinahe gleichzeitig entdecken wir eine steile Rinne. Kurt blickt zu mir herüber:

»Du denkst das gleiche wie ich, ich sehe es.«

Ja – wir waren an diesem Tag im Einklang. Eine halbe Stunde später klettern wir das steile Couloir hinauf. Hier und da erleichtern Schneereste den Aufstieg, aber überwiegend geht es über brüchige Felsstufen und loses Geröll. Später folgen wir weniger anstrengend einem gefrorenen Wasserlauf. Wir haben einen sonnigen Tag, aber es bleibt lange kalt. Im Gegenlicht haben wir einen Sattel entdeckt, den wollen wir erreichen. Der Versuch gelingt. Zwei Stunden später sind wir oben, aber ich heule vor Wut. Der ganze steile Hang, ein halber Vormittag für die Katz, Ende und aus! Von hier ist nichts Neues zu sehen. Wir blicken auf den Urdokgletscher – und den kennen wir!

Ich habe den Punkt erreicht, an dem ich endgültig nicht mehr will. Genug gewandert, genug aufgestiegen, genug erkundet! Ich bin jetzt fast vier Monate in diesem Gebirge. Ich will nur noch nach Hause! Es ist Kurt, der mich noch einmal aufrichtet und motiviert. »Es ist nur eine Stunde, dort hinauf zu dem Felszacken«, höre ich ihn mit überzeugter Stimme sagen. Er zeigt mit dem Skistock in Richtung Sonne.

Mir fällt die Kinnlade herunter. »Aber Kurt«, protestiere ich, »das sind in diesem ›Staub der Jahrtausende‹ noch mindestens zwei Stunden!«

»Na ja«, gibt er zurück und blickt noch einmal hinauf, »vielleicht sind es noch anderthalb. Und wenn du nicht willst, dann gehe ich ohne dich.«

Ich denke an das Zelt von Greg Mortimer – und ich gehe weiter!

## Es hat alle Mühen gelohnt

Wir hatten uns im Gegenlicht beide getäuscht. Nach nur einer halben Stunde sind wir oben. Wir werden es nie vergessen. Kurt redet nicht mehr

viel. Seine Augen sind feucht. Ich sehe, wie sehr er mit sich kämpft.

»Dass ich das noch sehen darf!«, murmelt der Mann, der die Welt kennt, nach langer Zeit des Schauens.

Und da sind sie alle: Der Hidden Peak, die Gasherbrumgruppe mit den Gipfeln II, III, IV, dann die »Kamele«, ein Insidername für eine Gruppe wunderbarer, unbestiegener Berge zwischen 6000 und 7000 Metern, und weit hinten der K2. Davor die großen Eisflächen: Urdok-, Nakpo-, Nördlicher Gasherbrumgletscher. Wir sind über 5700 Meter hoch – und wir sind am Ziel! Uns gegenüber sehen wir die eisige, noch unberührte Wand des Gasherbrum II.

Kurts Berg, mein Berg. Beide standen wir auf diesem Achttausender, und beide waren wir von der anderen, der pakistanischen Seite gekommen, Kurt 1979 und ich 13 Jahre später.

Hier ist es angenehm warm, aber dort oben am Gipfel tobt sich der Wind aus, wir sehen es. Der feine Schneestaub wird sicherlich 100 Meter hoch aufgewirbelt.

Der ausgeprägte Nordpfeiler dieses Berges, das Gletscherbecken darunter und alle Vorbauten und Kulissen – das sind 3000 Meter! Bei klarem Wetter machen wir die ersten Fotos aus unmittelbarer Nähe. Wie die Eigernordwand in den dreißiger Jahren könnte der Nordanstieg zum Gipfel des Gasherbrum II in der Zukunft das Problem einer ganzen Himalaya-Bergsteigergeneration sein. Er ist ganz sicher das lohnende Ziel auf der Nordseite des Karakorum und vielleicht werden Expeditionen der kommenden Jahre von unserer Erkundung profitieren.

Glücklich steigen wir am Nachmittag zu unserem Lagerplatz hinunter. Zufrieden mit dem, was wir gesehen haben, schlafen wir in dieser Nacht tief und fest. Als wir am nächsten Morgen unsere Köpfe aus dem Zelt stecken, ist es Winter geworden. Der Left-Ear-Peak, den ich noch wenige Wochen vorher bestiegen hatte, liegt unter einer Schneedecke. Wir hatten den letzten brauchbaren Tag erwischt!

*Kurt Diemberger und sein erster Himalayagipfel: der Broad Peak.*

# ABSCHIED VOM KARAKORUM

## EINER NACH DEM ANDEREN GEHT …

*Sie führten uns zum Karakorum und brachten uns zurück: Unsere Kamele.*

Mitte September ist die Zeit, in der die Zugvögel von den großen innerasiatischen Seen über den Karakorum fliegen, um im Süden zu überwintern. Viele Jungvögel sind für diesen Flug viel zu schwach. Unzählige Vögel kommen auf ihrem Weg über das Gebirge um. Wir haben es dort oben erlebt. Rund um unser Basislager lebten während dieser Spätsommerwochen längere Zeit mindestens 50 Bachstelzen. Sie flatterten um unsere Zelte, ernährten sich von unseren Essensresten und machten einen kräftigen und gesunden Eindruck. Als der Sommer ging, flogen sie nach und nach davon. Es wurden immer weniger. Eines Nachmittags bekamen wir neuen Besuch. In der Nähe meines Zeltes landete ein anderer kleiner Vogel. Er sah unseren Spatzen ähnlich, und er war so schwach, dass ich ihn aufheben konnte, ohne dass er auch nur einmal mit den Flügeln gezuckt hätte. Erika brachte einen kleinen Aluminiumtopf, den sie mit einem Rest Holzwolle aus unserer Eierkiste ausgepolstert hatte. Wir setzten den Vogel hinein und stellten ihn in die Sonne. Unsere Hoffnung war es, dass er sich dort etwas erholen würde, um dann weiterzufliegen. Nach zwei Stunden war er tot. Noch am selben Abend torkelte ein mittelgroßer Vogel einer mir unbekannten Art in unsere Küche. Er sah Kurt an, dann mich, pickte etwas lustlos an unserem Käse und verschwand, um hinter einem winzigen Strauch Schutz vor dem eisigen Wind zu finden. Ich streute dort noch etwas Reis aus, und am nächsten Morgen führte mich mein erster Weg zu diesem Strauch. Der Vogel war verschwunden.

»Weitergeflogen«, so dachte ich, »Gott sei Dank!«

Eine Stunde später fand ich ihn. Er hatte sich hinter einem Stück Pappe in unserem Küchenzelt versteckt und war dort in der Nacht erfroren. Ich habe beide Vögel in der Nähe unseres Basislagers begraben. Es ging mir schlecht dabei, ich war inzwischen mit der Natur auf du und du.

Es wird immer kälter. Seit einigen Tagen kommt kein Wasser mehr vom Gletscher, die Sonne hat nicht mehr viel Kraft. Klugerweise hatte Benny schon vor einer Woche eine Transporttonne aus Plastik entleert und ein Wasserreservoir angelegt. Was wären wir auf dieser Expedition ohne unseren Benny gewesen?! Wahrscheinlich nur Dreiviertel.

Kurt friert an den Füßen. Seine berühmten Doppellederschuhe, mit denen er den Mount Everest, den Makalu und den K2 bestiegen hatte, lösen sich langsam auf. Erika friert am ganzen Körper, Benny kommt nur noch zum Essen aus dem Zelt, und der Einzige, dem es etwas besser geht, bin ich.

Im Hochsommer hatte ich mir bei mehr als 40 Grad im Schatten unter dem Gelächter aller Umstehenden auf dem Bazar in Kashgar eine große Wintermütze gekauft. Jetzt hält sie mir meinen zerzausten Kopf warm. Eine Garnitur lange Unterwäsche, ein Fleeceanzug und eine Daunenjacke mit Überhose schützen den kläglichen Rest. Ich habe zwölf Kilogramm abgenommen, und so viel hatte ich zuvor auch nicht auf den Rippen gehabt.

Der Großteil meiner Bergausrüstung ist verschlissen und wird den Herbst nicht mehr überleben. Und die Wintermütze? Ich schenkte sie später dem ersten hübschen Mädchen, das mir auf dem Rückweg nach Mazar begegnete. Ihr Name ist Kim – und auch Kim fror! Die Mütze ist jetzt in New York, und von Zeit zu Zeit erreichen mich Fotos: Die Mütze vor der Freiheitsstatue, die Mütze im Central Park …

Wir trafen Kim auf der anderen Seite des Aghilpasses. Eine amerikanische Trekkinggruppe mit Jim Williams zog ganz spät im September noch auf der gewöhnlichen Route durch das Shaksgamtal nach Sughet Jangal, um von dort aus den K2 zu sehen. Wie Kim mir später schrieb, hat es sich gelohnt. Es waren glasklare Tage im »Weidenwald«, aber auch dort war es bitterkalt.

## Abschied - auf ein Neues!

Vier Sommermonate im Karakorum gehen zu Ende. Zum Schluss löse ich noch ein Versprechen ein. Benny, der wochenlang mit uns im Basislager lebte, hat einen Wunsch. Einmal nur möchte er die Eistürme des Nördlichen Gasherbrumgletschers aus der Nähe sehen. Benny lebt in Urumqui, einer Großstadt, weit entfernt von den Bergen des Karakorum. Für ihn ist das Eis eines Gletschers etwas vollkommen Neues. Als Kurt und ich ihm bei einem Abendessen gar noch erzählen, dass man an den Eistürmen des Gletschers klettern kann, ist Benny ganz aus dem Häuschen: »I like to see it better today than tomorrow – ich möchte es sehen, besser heute als morgen!«

So sind wir unterwegs. Als wir uns dem breiten, erstarrten Wasserstrom langsam nähern, erzähle ich Benny vom Eispalast und dem türkisfarbenen See. Beides habe ich vor wenigen Wochen inmitten dieser Wildnis entdeckt, als ich einen Weg zur anderen Gletscherseite fand. Doch als wir diesen Ort nach einer Stunde Wanderung betreten, bin ich erstaunt, und Benny ist verängstigt. Viele tausend Tonnen Eis sind über der Wasseroberfläche abgebrochen und in den See hinabgestürzt. Das türkisfarbene, schillernde Wasser ist verschwunden, und unsere Route auf die andere Seite des Gletschers existiert nicht mehr. Im Karakorum ist nichts für die Ewigkeit.

Der 22. September ist unser letzter Tag dort oben. Am Nachmittag sollen die uigurischen Kameltreiber Usur und Isaak mit den Tieren kommen, um uns abzuholen. Es wird noch einmal schön, und so steige ich, so schnell ich nur kann, ein letztes Mal auf den höchsten Punkt der Moräne, nicht weit von unserem Basislager. Hier steht ein dreibeiniges Stativ von einer chinesischen Vermessungsexpedition, und an klaren Tagen kann man von hier aus den K2 sehen. Heute ist ein solcher Tag. Erst jetzt begreife ich es wirklich: Wir sind von hier auf seine andere Seite hinübergegangen, haben die

*Der Eiskessel ist zusammengebrochen, und Benny staunt nicht schlecht.*

Gletscher überquert, sind ihrem Lauf gefolgt.

Ich blicke aber auch hinüber zum Pfeiler des Gasherbrum II und auf die unzähligen Eistürme des Nördlichen Gasherbrumgletschers, die hier beginnen und hinaufziehen bis zum Nakpogletscher und bis zum Broad Peak. Kurt nennt diese Türme »eine einzigartige, stille Prozession«. Sie sind es!

Nach mehr als vier Monaten Leben hier oben fällt der Abschied von dieser Bergwelt unglaublich schwer, aber von einer Sekunde zur anderen wird mir auch klar, dass es Plätze auf der Welt gibt, zu denen ich immer wieder zurückkehren werde – und der Karakorum, ob nun auf dieser oder auf seiner anderen Seite, ist ein solcher Platz.

# ANHANG

## ALLGEMEINE INFORMATIONEN

Das Land Pakistan und die chinesische Provinz Sinkiang sind Reiseländer, die eine gewisse Vorbereitung erfordern.
Der Karakorum inklusive der Aghilkette bedeckt eine Fläche von mindestens 60 000 Quadratkilometern und ist eines der wildesten Gebirge der Erde. Viele Täler im Inneren des Gebirges sind unbesiedelt, das Gebirge ist in weiten Teilen (28 %) vergletschert. Es gehört zum System des Himalaya (Karakorum-Himalaya) und ist in Großer Karakorum und Kleiner Karakorum unterteilt. Der Große Karakorum umfasst die Gebirgszüge Saser-, Rimo-, Siachen-, Baltoro-, Panmah-, Hispar- und Batura Mustagh, während die Ketten von Saltoro, Masherbrum, Haramosh, Rakaposhi Ghjujerab und Lupghar den Kleinen Karakorum bilden. Seine geographischen Begrenzungen sind der Indus im Süden, der Shaksgamfluss im Norden, der Shyokfluss im Osten und der Ishkuman im Westen. Im Gebiet von Askole bis zu den Achttausendern und darüber hinaus bis zum Conwaysattel (5974 m) findet man einige wegen des Kashmirkonfliktes ständig besetzte Militärstationen.

### PAKISTAN

803 943 Quadratkilometer groß, 140 Millionen Einwohner, davon 97 Prozent Muslime, Hauptstadt Islamabad. Amtsprache Englisch, Landessprache Urdu; wird in verschiedenen Dialekten gesprochen.
Währung: Pakistanische Rupie; 1 Rupie = 100 Paise.

#### *Visum*

Es herrscht Visumpflicht. Bei einem Aufenthalt über drei Wochen ist eine Anmeldung beim Foreign Registration Office vorgeschrieben.
In Pakistan stehen Reisenden zum Karakorum mittlerweile eine Unzahl von Agenturen zur Verfügung. In den Trekking Rules and Regulations des Ministry of Tourism sind mehr als 20 seriöse Agenturen aufgelistet.

#### *Impfungen/Gesundheit*

Zurzeit sind keine Impfungen vorgeschrieben.
Beratung: Tropeninstitut München, Leopoldstr. 5, Tel.: 0 89/33 67 44 (Band),
Sprechstunden: Mo–Fr 11.00–12.00 Uhr, Mi/Do 16.30–18.00 Uhr und/oder
Bernhard-Nocht-Institut für Tropenmedizin, Bernhard-Nocht-Str. 74, 20359 Hamburg, Tel.: 0 40/42 81 80.

#### *Klima und Reisezeit*

Für die Bergregionen generell Mai bis Oktober. Expeditionen und Trekkingtouren besser nur von Anfang Juni bis Ende August.

#### *Anreise*

Anreise von Europa mit dem Flugzeug bis Islamabad/Rawalpindi.

#### *Anreise Karakorum*

Von Rawalpindi über die Städte Abbottabad, Manshera, Besham und Chilas nach Gilgit. Von Gilgit zum Batura Mustagh, zur Rakaposhi Range, zur Haramosh Range, zum Hispar Mustagh oder dem Hunza River folgend nach Karimabad (Hunza), den mittelalterlichen Festungen Altit und Baltit und zum Kunjerabpass (4690 m).
Oder vor Gilgit ostwärts nach Skardu und von dort zum Zentrum des Großen Karakorum mit den Achttausendern K2 (8611 m), Broad Peak (8047 m), Gasherbrum II (8035 m) und Hidden Peak (8068 m) oder zur Masherbrum Range.

#### *Verkehrsverbindungen*

Eine Reise mit dem Flugzeug nach Gilgit oder nach Skardu ist grundsätzlich möglich, wird aber von Expeditionen oder Trekkinggruppen nur in den seltensten Fällen praktiziert. In den Regionen Gilgit und Skardu wird auf Sicht geflogen, und auf beiden Flughäfen auch nur bei Sicht gestartet und gelandet. Gelegentlich brechen Piloten den Flug von Islamabad in den Norden ab und kehren auf halber Strecke um, wenn sich das Wetter kurzfristig verschlechtert und Wolken die Sicht nehmen. Es ist auch schon vorgekommen, dass Gruppen in Islamabad/Rawalpindi eine Woche auf einen Flug warten mussten.
Kommerzielle und individuelle Expeditionen arbeiten immer mit örtlichen Agenturen zusammen. Diese organisieren den Transfer über den Karakorum-Highway (KKH) in Richtung Norden. Individualreisende können mit dem Bus in die Northern Areas reisen. Es gibt in jeder Stadt entlang der Strecke Busbahnhöfe sowie private als auch staatliche Busse (NATCO). Das Busfahren ist preiswert, der Reisende hat jedoch nicht die Möglichkeit, unbegrenzt Gepäck mitzunehmen. Expeditionstonnen aus Plastik beispielsweise werden nicht immer transportiert.

#### *Anmarsch*

Zum Baltoro: An einem Tag mit dem Jeep von Skardu bis Askole (wenn die Straße befahrbar ist). Von dort (Expeditionen) in fünf bis sechs Tagen zum Concordiaplatz und in einem weiteren Tag zu den Basislagern von Hidden Peak/Gasherbrum II auf der Seitenmoräne des Abruzzigletschers oder K2 oder Broad Peak am Godwin-Austen-Gletscher. Während Expeditionen beim Anmarsch immer in Eile sind (der Berg ruft!), machen es sich Trekkinggruppen gemütlich und gehen meistens kürzere Tagesetappen. Sie brauchen bis zum Ende des Baltorogletschers entsprechend länger. Weitere Trekkingrouten/Basislagerzugänge siehe »Führer und Karten«.

#### *Führer und Karten*

FÜHRER:
Michael Beek, Pakistan. Land, Geschichte, Kultur, ISBN 3-922046-86-X
Nelles Jumbo Guide Pakistan, Nelles Verlag, ISBN 3-88618-703-9
Isobel Shaw/Ben Shaw, Pakistan Trekking Guide (engl.), ISBN 962-217-266-0.
KARTEN:
Karakorum Maps, Leomann Maps, Sheets 1–4, Maßstab 1:200 000;
Orographical Sketch Map, Jerzy Wala/Anders Bolinder, Karakorum, Sheet 1–2, Maßstab 1:250 000.

### SINKIANG

Sinkiang, autonome Region im Nordwesten von China, 1 646 800 Quadratkilometer, 14 Millionen Einwohner, überwiegend moslemische Uiguren, Hauptstadt Urumqui. Wichtigste Stadt vor dem Karakorum ist Kashgar. Amtsprache Mandarin (Han-Chinesisch), Landessprache Uigur (Uighur); sie wird in verschiedenen Dialekten gesprochen. Währung: Renminbi Yuan; 1 Yuan = 10 Jiao = 100 Fen.

### *Visum*

Es herrscht Visumpflicht. Die chinesische Botschaft in der Bundesrepublik Deutschland stellt keine Einzelvisa aus. Bei der chinesischen Botschaft in Islamabad war es bisher immer möglich, ein Einzelvisum zu erlangen. Mit Ausnahme der Strecke von Sost (Pakistan) nach Kashgar in Sinkiang ist es allerdings schwierig, individuell durch Sinkiang zu reisen, es sei denn, man beherrscht die Sprachen. Die chinesische Seite des Karakorum ist nur in Zusammenarbeit mit der Sinkiang Mountaineerig Association (CXMA) möglich, ggf. auch mit einer anderen staatlichen Agentur. Kontakt: Sinkiang Mountaineering Association, Renmin Road, Urumqui, Sinkiang, China.

### *Impfungen/Gesundheit*

Zurzeit sind keine Impfungen vorgeschrieben.
Beratung: Tropeninstitut München, Leopoldstr. 5, Tel.: 0 89/33 67 44 (Band),
Sprechstunden: Mo–Fr 11.00–12.00 Uhr, Mi/Do 16.30–18.00 Uhr und/oder
Bernhard-Nocht-Institut für Tropenmedizin, Bernhard-Nocht-Str. 74, 20359 Hamburg, Tel.: 0 40/42 81 80.

### *Klima und Reisezeit*

Für die Bergregionen generell am besten: Juni bis September. Expeditionen und Trekkingtouren auf der Nordseite des Karakorum besser nur Anfang Juni bis Ende August. Ab Mitte September sehr kalt, im August ist wegen der Schneeschmelze Hochwasser im Shaksgamfluss und im Yarkand River. Der Zugang zum Karakorum kann aus diesem Grund auch unmöglich sein.

### *Verkehrsverbindungen*

Von Rawalpindi in Pakistan über den Karakorum-Highway (KKH) und den Kunjerabpass (4690 m) nach Tashkurgan in Sinkiang und weiter nach Kashgar. Bei gleicher Rückreise ist für Pakistan als Visum ein »Double Entry« erforderlich. Ab der Grenze gewöhnlich Betreuung durch die Sinkiang Mountaineering Association (CXMA) mit Dolmetscher während des gesamten Aufenthalts. Andere Reisemöglichkeiten: Flüge Peking – Urumqui – Kashgar oder Islamabad – Kashgar. Es gilt hier das Gleiche wie bei den Flügen in Pakistan: Es wird auf Sicht geflogen. Ein weiteres Problem, das den Flugverkehr in Kashgar beeinträchtigen kann, sind die Sandstürme der nahen Wüste Taklamakan.

Ab Kashgar: Entlang der Wüste Taklamakan nach Yarkand (Yerchend) und zur Militärstation Mazar. Hier trifft man sich in der Regel mit den Kameltreibern und den Kamelen. Sie begleiten die Expedition bei den mindestens sieben Anmarschtagen und holen Expeditionen und Trekkinggruppen zum vereinbarten Termin auch wieder ab. Die Kamele sind auf dieser Seite des Karakorum zwingend notwendig. Es gibt hier keine Träger. Die Täler sind, mit Ausnahme einiger Nomaden auf den Sommerweiden, menschenleer.

### *Anmarsch*

Von Mazar durch wüstenähnliche Hochgebirgslandschaften mit reißenden Schmelzwasserflüssen (Yarkand River) zum Aghilpass (4870 m) und jenseits ins Shaksgamtal. Von hier in südwestlicher Richtung zum chinesischen K2-Basislager Sughet Jangal oder nach Süden zum Gasherbrum II. Die Überquerung des Shaksgamflusses ist eine gefährliche, nicht zu unterschätzende Schlüsselpassage.

Die Strecke Kashgar – Yarkand – Mazar (Militärstation) – Bazar Darya (Broken Bridge) – Ilica – Lager am »gekreuzten Fluss« – Kirgisensiedlung (Sommerdorf) – Aghilpass – Durbin Jangal – Basislager am Nördlichen Gasherbrumgletscher dauert mindestens neun Tage.

### *Karakorum-Durchquerung*

Von Südosten entlang dem East Skyang-Lungpa-Gletscher zum East Skyang La (5225 m/5425 m). Über den North Skyang-Lungpa-Gletscher zum Basislager des K2 (Sughet Jangal). Geschätzte Strecke: hin und zurück mehr als 60 Kilometer wildeste Hochgebirgslandschaft. In den vergletscherten Gebieten ist eine vollständige Eisausrüstung mit Seil erforderlich. Wenn der Abfluss des North Skyang Lungpa Glacier im Hochsommer zu viel Wasser führt und ungangbar ist, muss am Talende über eine versteckte Scharte (Rollo's Gate, ca. 4850 m) das Becken des K2-Gletschers erreicht werden. Diese Durchquerung von 1994 wurde bis heute noch nicht wiederholt.

### *Führer und Karten*

Führer: Der im Abschnitt Pakistan genannte Führer von Michael Beek behandelt auch die Anreise bis Kashgar. Ab dort ist man auf die Informationen und auf die Betreuung der Sinkiang Mountaineering Association (CXMA) angewiesen.

Karten: Karakorum Maps, Leomann Maps, Sheets 1–4, Maßstab 1:200 000; Orographical Sketch Map, Jerzy Wala/Anders Bolinder, Karakorum, Sheets 1–2, Maßstab 1:250 000.

## PAKISTAN MOUNTAINEERING RULES AND REGULATIONS

Die Grenze zwischen den Staaten Pakistan und Indien ist wegen des Kashmirkonflikts, der von Zeit zu Zeit auch neu aufflammen kann, noch immer keine offizielle Grenze. Aus diesem Grund ist in einigen Gebieten, beispielsweise entlang des Baltorogletschers, das pakistanische Militär permanent präsent. Auch unterscheidet man in den Northern Areas und im Karakorum offene (open) und geschlossene (restricted) Zonen. Wer in Pakistan bergsteigen oder trekken will, egal ob im Karakorum, im Hindukusch oder in der Region des Nanga Parbat (westlichster Himalaya), ist an staatlich festgelegte, teilweise recht komplizierte »Mountaineering Rules and Regulations« gebunden, was nichts anderes heißt, als dass er in gewisse Spielregeln, die den gesamten Expeditions- und/oder Trekkingbetrieb im Land regeln, einwilligen muss.

Für Expeditionsbergsteiger sind 111 Punkte zu beachten (zuzüglich besonderer Vereinbarungen bei Winterexpeditionen), für Trekkingtouristen 97. Die wichtigsten Punkte, die bei einem Trekking (Definition siehe II.1) oder bei einer Bergsteigerexpedition beachtet werden müssen, sind die Anmeldezeiten und die Vereinbarungen bezüglich des Verbindungsoffiziers. Das Ministry of Tourism in Islamabad ist in den letzten Jahren immer mehr dazu übergegangen, auf Offiziere der pakistanischen Armee zu verzichten und die Betreuung ausländischer Gruppen in Zusammenarbeit mit Agenturen in die Hände »ziviler Verbindungsoffiziere« (Tourguides) zu legen. Was immer auch mit dem »Liaison Officer« (L.O.) außerhalb der offiziellen Rules and Regulations vereinbart wird, sollte schriftlich festgehalten und von beiden Parteien unterzeichnet werden.

Nachfolgend die wichtigsten Punkte im Original. Die 26-seitige Broschüre »Mountaineering Rules and Regulations« und die 28-seitige Broschüre »Trekking Rules and Regulations« – beide in Englisch und herausgegeben vom Ministry of Culture, Sports, and Tourism, Collage Road, 7-F/2 Sector, Islamabad, Pakistan – sind unter dieser Anschrift oder in den Botschaften der Republik Pakistan erhältlich.

## I. Mountaineering Rules and Regulations

1. A foreign mountaineering expedition desirous of climbing of a peak in Pakistan shall applay on the application form (Annexure-A) with one extra copy in the nearest Embassy/consulate of pakistan. A copy with a photo copy of royalty receipt should be sent directly to the Tourism Division, F-7/2, Islamabad. Pakistan.
2. Application forms for allotment of peaks should be accepted by a pakistani Embassy/Consulate during the period 1st January to 31st December of a year preceding the year in which an expedition is planned.
3. Such application would then be sent by the said Embassy/Consulate immediately to the Tourism Division where they would precessed on »First come – First served Basis«.
4. Incomplete application forms or such forms as are received either before or after the stipulated dates may not be entertained.
5. If a party is not sure of the composition of the team, it shall apply stating the fact and without attaching particulars of members with the application form. In such cases peaks will be provisionally booked. A formal permission letter shall issue only after particulars at Annexure-B are received in Tourism Division at least three months in advance of arrival of the party in Pakistan. If paticulars of the new members are not received within stipulated period and party arrives in Pakistan, it may delay their departure to the mountains till the cleareance of new members is obtained in about a week. Under procedure a party shall not leave for Pakistan unless it is in receipt of the formal permission letter. No mountaineer would be a member of more than one expedition during a season.
6. A party shall indicate in order of preference, at least 3-4 peaks so that available peaks could be allotted. A party shall be given permission for more than one 8ooo metre peaks with the special permisson by the Secretary, Ministry of Culture, Sports, and Tourism.
7. Tourism Division shall endeavour to send the mountaineering permit to a party within 60 days of receipt of application form in Tourism Division. Depending on the availability of the peak for the choiced period, Tourism Division will send provisional booking of the peak upon receipt of the completed application.
8. Government reserves the right to allot a particular peak through any route to more than one party in the same season.
9. Government has the right to cancel the allotment of a peak at any time without assigning any reason. Amount of royalty deposited shall be refunded in such cases.
10. In case, however, a party postpones/cancels its mountaineering plan for its own reason, it shall so inform the Tourism Division by the quickest possible means. In such a case royalty deposited shall neither be refunded nor it could be carried forward for future mountaineering in Pakistan. Change in the booking period during the same mountaineering season is possible subject to availability of the peak/route for the revised dates.

## II. Trekking Rules and Regulations

1. Trekking means the act of travelling on foot to a maximum height of six thousend Meters (6000 m) with the purpose of sight-seeing and recreation at various natural and cultural sites in places where means of modern transport are either not available or purposely not used.
2. Issue of permits to trekking parties shall be regulated as follows:

a. Treks situated in the Open Areas: Foreigners are allowed to trek in the »Open Zone« without permit and guide etc. List of Treks in open Zone is at Annex »G«.
b. Specified treks in the Restricted Areas:
i. Specified trekking routes in »Restricted Areas« (comprising of district Chitral, Gilgit and Skardu) are at Annex »G«.
ii. A trekking party desirous of walking on the restricted routes would be required to submit

application on prescribed form (Annex »A«) in duplicate, along with two fotographs each.
iii. List of leading tour operators who could also conduct trekking parties is at Annex »H«.
iv. The trekking party will be required to hire an approved guide. Such guides are also available with tour operators approved by Ministry of Tourism.
v. The travel-cum-trekking agency is required to make sure that the guide and the porters accompanying a party have properly been insured for the sum specified by Government of Pakistan and that other instructions issued by the Government in this regard from time to time are strictly adhered to.
vi. All trekkers shall be required to register their particulars at the check posts to be set up important junctions.
vii. Permits for these treks would be issued by the Tourism Division within 24 hours of receipt of complete applications.

b. Unspecified treks in »Restricted Areas«
i. Applications for treks other than specified shall be submitted to the Tourism Division on prescribed form (Annexure »A«) in duplicate.
ii. Permission or rejection for undertaking these treks would be communicated within 15 days of receipt of complete application in the Tourism Devision.
iii. Parties so permitted shall be accompanied by a Liason Officer to be detailed by the Government of Pakistan.

## Die höchsten Berge im Karakorum

| | | |
|---|---|---|
| 1. | K2 (Mount Godwin Austen, Chogori) | 8616 Meter |
| 2. | Hidden Peak (K5) | 8068 Meter |
| 3. | Broad Peak (Falchan Kangri) | 8047 Meter |
| 4. | Gasherbrum II (K4) | 8035 Meter |
| 5. | Gasherbrum III | 7952 Meter |
| 6. | Gasherbrum IV | 7925 Meter |
| 7. | Disteghil Sar | 7885 Meter |
| 8. | Masherbrum (K1) | 7821 Meter |
| 9. | Rakaposhi | 7788 Meter |
| 10. | Batura (Batura Mustagh) | 7785 Meter |
| 11. | Kanjut Sar | 7760 Meter |
| 12. | Saltoro Kangri (K35, K36) | 7742 Meter |
| 13. | Mount Trivor | 7720 Meter |
| 14. | Saser Kangri | 7672 Meter |
| 15. | Chogolisa (Bride Peak) | 7665 Meter |
| 16. | Shispare | 7611 Meter |
| 17. | Skyang Kangri (Staircase Peak) | 7544 Meter |
| 18. | Mahmustagh Kangri | 7526 Meter |
| 19. | Kanjut II (Pumari Chish) | 7492 Meter |
| 20. | Goma Kangri (K12) | 7468 Meter |
| 21. | Teram Kangri | 7463 Meter |
| 22. | Malubiting | 7453 Meter |
| 23. | Sia Kangri (Queen Mary Peak; Peak Austria) | 7422 Meter |
| 24. | Skil Brum | 7420 Meter |
| 25. | Cloud Peak | 7415 Meter |
| 26. | Haramosh | 7406 Meter |
| 27. | Mount Ghent | 7400 Meter |
| 28. | Karun Kush (Karun Koh) | etwa 7400 Meter |
| 29. | Ultar Peak | 7388 Meter |
| 30. | Rimo | 7385 Meter |
| 31. | Sherpi Kangri | 7380 Meter |
| 32. | Momhil Sar | 7342 Meter |
| 33. | Chongtar (Mount Spender) | 7333 Meter |
| 34. | Bojohaghur (Duanasir) | 7329 Meter |
| 35. | Yazghil Domes | 7324 Meter |
| 36. | Gasherbrum V | 7321 Meter |
| 37. | Malanghuti Sar | 7318 Meter |
| 38. | Baltoro Kangri (Golden Throne) | 7312 Meter |
| 39. | Urdok Peak | 7300 Meter |
| 40. | Mustagh Tower | 7273 Meter |

## Die Achttausender und ihre Erstbesteigungen:

| | | |
|---|---|---|
| **Annapurna,** 8091 m | 13. Juni 1950 | Herzog und Lachenal |
| **Mt. Everest,** 8848 m | 29. Mai 1953 | Hillary und Tenzing Norgay |
| **Nanga Parbat,** 8125 m | 3. Juli 1953 | Buhl allein |
| **K2,** 8616 m | 31. Juli 1954 | Lacedelli und Compagnoni |
| **Cho Oyu,** 8201 m | 19. Okt. 1954 | Jöchler, Tichy und Pasang, Dawa Lama |
| **Makalu,** 8463 m | 15. Mai 1955 | Terray und Couzy |
| **Kangchendzönga,** 8586 m | 25. Mai 1955 | Band und Brown |
| **Manaslu,** 8163 m | 9. Mai 1956 | Japanische Expedition |
| **Lhotse,** 8516 m | 18. Mai 1956 | Reiss und Luchsinger |
| **Gasherbrum II,** 8035 m | 7. Juli 1956 | Moravec, Larch, Willenpart |
| **Broad Peak,** 8047 m | 9. Juni 1957 | Schmuck, Winter, Diemberger, Buhl |
| **Hidden Peak,** 8068 m | 5. Juli 1958 | Kauffman und Schoening |
| **Dhaulagiri,** 8167 m | 13. Mai 1960 | Diemberger, Forrer, Schelbert u. a. |
| **Shisha Pangma,** 8027 m | 2. Mai 1964 | Chinesische Expedition |

## Kleine Expeditionschronologie

*Expedition 1987:*
German Hispar Expedition (Hisparex),
Ziel: Momhil Sar, 7342 Meter,
Ostgrat oder Südostflanke
**Erste Besteigung:** Hanns Schell und Gefährten 1964, Südostflanke
**Expeditionsleitung:** Günter Willi Schulz; weitere Teilnehmer: Heiko Irmisch, Dr. Roland Köhler, Rollo Steffens
**Verbindungsoffizier:** Captain Niaz Mohammed Khan
**Gipfel:** Rayhan Peak; ca. 5500 Meter, Rollo Steffens
**Am Berg:** Eine Expedition
**Zeit:** Juni/Juli
**Anreise:** Hamburg – Frankfurt – Islamabad/ Rawalpindi – Gilgit – Karimabad – Basislager
**Kosten:** ca. 7500 DM pro Teilnehmer

*Expedition 1992:*
German Gasherbrum II Expedition,
Ziel: Gasherbrum II, 8035 Meter,
Südwestsporn (Normalroute)
**Erste Besteigung:** Fritz Moravec, Sepp Larch, Hans Willenpart, 1956, Südwestsporn
**Expeditionsleitung:** Rollo Steffens
**Organistion Deutschland:** Max Wallner, (Verpflegung, Ausrüstung), Jan Bracker, Sepp Hasholzner, Gunthi Schmieder, Heinz Wittmann
**Verbindungsoffizier:** Captain Hadi Raza Ord
**Gipfel:** Wittmann, Schmieder, Bracker, 18. Juli 1992; Hasholzner, Steffens, 20. Juli 1992
**Am Berg:** Bulgaren, Deutsche, Italiener, Mexikaner, Spanier.
**Zeit:** Juni – August
**Anreise:** München – Frankfurt – Islamabad/ Rawalpindi – Skardu – Askole – Basislager
**Kosten:** ca. 8500 DM

*Expedition 1994:*
Internationale German Broad Peak-Expedition,
Ziel: Broad Peak, 8047 (8051) Meter,
Westsporn (Normalroute)
**Erste Besteigung:** Schmuck, Wintersteller, Diemberger, Buhl, 1957, Westsporn
**Expeditionsleitung:** Rollo Steffens; weitere Teilnehmer: Hans Authier (I), Carlos Carsolio (MEX), Hans Hagen Hempel (D), Wolfgang Kunzendorf (D), Roland Maruna (A), Walter Strauß (A)
**Verbindungsoffizier:** Captain Sajjad Sabir (PAK)
**Gipfel:** Carlos Carsolio, neue Route durch die Westflanke, 9. Juli 1994; s. auch: American Alpine Journal (AAJ) 1995, Seite 73 ff.
**Am Berg:** Elf Expeditionen aller Herren Länder mit rund 130 Teilnehmern.
**Zeit:** 9. Juni – 29. Juli 1994
**Anreise:** München – Manchester – Islamabad/ Rawalpindi – Skardu – Askole – Basislager
**Kosten:** Kommerzielle Expedition, 14 900 DM pro Teilnehmer

*Expedition 1994:*
Xinkiang Explorer Expedition,
Kurt Diemberger (A), Erika Prokosch (A), Rollo Steffens (D)
**Dolmetscher:** Mr. Zhang Bin Ke
**Gipfel:** Busento Kangri, 5610 Meter, Erstbesteigung Diemberger, Prokosch, Steffens; s. auch: American Alpine Journal (AAJ) 1995, Seite 83 ff.
**Im Gebiet:** Italienische und spanische Expedition für die K2-Nordkante, Chongtar-Expedition (Greg Mortimer, Australien), eine Trekkinggruppe (Jim Williams/USA)
**Zeit:** 1. August – 10. Oktober 1994
**Anreise:** Wien – Manchester – Islamabad/ Rawalpindi – Gilgit Karimabad – Sohst – Tashkurgan – Kashgar – Yarkand (Yerchend) Aghilpass – Basislager (Rollo Steffens ab Islamabad/Rawalpindi)
**Kosten:** ca. 6000 DM pro Teilnehmer (ab Islamabad)

## Bibliographie


AAJ; The American Alpin Journal 1995, The American Alpin Club, Golden, Colorado, 1995.
Beek, Michael: Pakistan, Beek Verlag, Oberwössen 1996.
Diemberger, Kurt: Gipfel und Gefährten, Bruckmann, München 1990.
Diemberger, Kurt: Gipfel und Geheimnisse, Bruckmann, München 1990.
Diemberger, Kurt: K2-Traum und Schicksal, Bruckmann, München 1989.
Diemberger, Kurt: Verso il Cielo, L'Altra Riva, Venezia 1983.
Dyhrenfurth, Günter Oskar: Der dritte Pol, Nymphenburger Verlagshandlung, München 1961.
Habeler, Peter: Der einsame Sieg, Goldmann Verlag, München 1978.
Houton/Bates: K2 – Der wilde Berg, Carta Verlag, Pforzheim 1982.
Kick, Wilhelm: Adolph Schlagintweits Karakorum-Forschungsreise 1856, Deutscher Alpenverein, München 1993.
Messner, Reinhold/Gogna, Alessandro: K2 – Berg der Berge, BLV Verlag, München 1980.
Mantovani, Roberto/Diemberger, Kurt: K2 – Die große Herausforderung, Karl Müller Verlag, 1997.
Moravec, Fritz: Weiße Berge – Schwarze Menschen, Österreichischer Bundesverlag, Wien 1958.
Rudolph, Fritz: Chomolungma und ihre Kinder, Sportverlag Berlin, Berlin 1986.
Shipton, Eric: Blank on the Map. In (Neuauflage): Eric Shipton: The Six Mountain Travel Books, Diadem Books, London 1985.
Schulze, Andreas/Neubauer, Bernd: Durch Westchina zum K2, Dieckmann/Thieme Verlag, Rottach-Egern 1988.
Trenker/Dumler: Die höchsten Berge der Welt, Bruckmann, München 1974 (Neuauflage 1980).
Schmuck, Marcus: Broad Peak, Verlag »Das Bergland-Buch«, Salzburg/Stuttgart 1958.
Shaw, Isobel/Shaw, Ben: Pakistan Trekking Guide, Hong Kong 1993.
Tullis, Julie: Clouds From Both Sides, Grafton Books, London 1986 (Neuauflage 1987; mit einem Kapitel von Peter Gillman).

Impressum

Titelabbildung: Der K2 – noch immer der schwierigste Achttausender (Foto: Rollo Steffens).

Umschlagrückseite: Blick auf Gasherbrum II und Gasherbrum IV (Foto: Rollo Steffens).

Bildnachweis: Alle Fotos von Rollo Steffens mit Ausnahme der Abbildungen – soweit nicht bereits angegeben – auf folgenden Seiten: 33 rechts, 34 links und rechts (Archiv Lacedelli); 40 rechts (Archiv F. Moravec); 138 (Archiv Rollo Steffens, Kurt Diemberger); alle übrigen: Archiv Rollo Steffens.

Bilderklärungen:
Seite 2: Blick zu den Trangotürmen. Sie sind die berühmtesten Felsmassive im Karakorum.
Seite 6/7: Auf dem Gipfel des Gasherbrum II mit Blick zum Broad Peak (8047 m) und zum K2 (8616 m).
Seite 8: Der Mitre Peak, 6010 m, ist der Talwächter über dem Concordiaplatz. Hier beginnt die Welt der Achttausender.
Seite 9: Ein Festival für die Augen: der Nördliche Gasherbrumgletscher mit dem K2 und seinen Nachbarn.
Seite 10/11: Die stille Prozession. Die ungezählten Eistürme des Nördlichen Gasherbrumgletschers.
Seite 12: Morgenstimmung am Gletscher.
Seite 13: Namenloser Gipfel über dem Baltorogletscher.
Seite 14/15: Die Aghil-Berge. Wir nannten sie die »Shaksgam-Dolomiten«.
Seite 16: Der Blick über den Horizont.
Seite 20: Die Indusschlucht: Lebensader und Lebensraum.
Seite 26: Der K2, 8616 Meter hoch. Rechts im Profil der Abruzzensporn.
Seite 48: Hunza, das Tal mit den zwei Bergvölkern.
Seite 58: Der Masherbrum über dem Baltorogletscher.
Seite 78: Die drei Gipfel des Broad Peak. Von links: Nord-, Mittel- und Hauptgipfel.
Seite 90: Die Oase Paiju. Blick zu einem namenlosen Gipfel.
Seite 100: Kleine Menschen – große Berge. Die 3000 Meter hohe Westwand des Gasherbrum IV vom Concordiaplatz.
Seite 112: Im »Eispalast« zwischen den Eistürmen. Die Nadeln werden bis zu 50 Meter hoch.
Seite 128: Unter den steilen Wänden der Shaksgam-Dolomiten geht es talaus.
Seite 140: Riesen im Spiegel. Die schneebedeckten Karakorumgipfel spiegeln ihre unbekannten Seiten im Wasser eines Sees.
Seite 146: Eisklettern im Karakorum – ein Abenteuer besonderer Art.
Seite 150/151: Die Monsunwolke von Indien. Der Anfang vom Ende.
Seite 152/153: Unbenannter Vorgipfel.
Seite 159: Sehr viel gemischtes Wetter im Sommer 1994 am Basislager des Broad Peak.

Umschlaggestaltung: Studio Schübel, München

Lektorat: Heinrich Bauregger und Georg Steinbichler.

Layout & Satz: Gramma GmbH, München

Vorsatzkarte und Detailkarten: Eckehard Radehose, Holzkirchen

Alle Angaben dieses Werkes wurden vom Autor sorgfältig geprüft und auf den aktuellen Stand gebracht sowie vom Verlag auf Stimmigkeit geprüft. Für die Richtigkeit der Angaben kann jedoch keine Haftung übernommen werden. Für Hinweise und Anregungen sind wir jederzeit dankbar.

Gedruckt auf chlorfrei gebleichtem Papier

Die Deutsche Bibliothek – CIP-Einheitsaufnahme

Ein Titeldatensatz für diese Publikation ist bei der Deutschen Bibliothek erhältlich

Gesamtverzeichnis gratis:

Bruckmann Verlag GmbH, Nymphenburger Str. 86, 80636 München

Internet: www.bruckmann.de



Printed in Italy by Printer Trento s.r.l.

ISBN 3-7654-3583-X

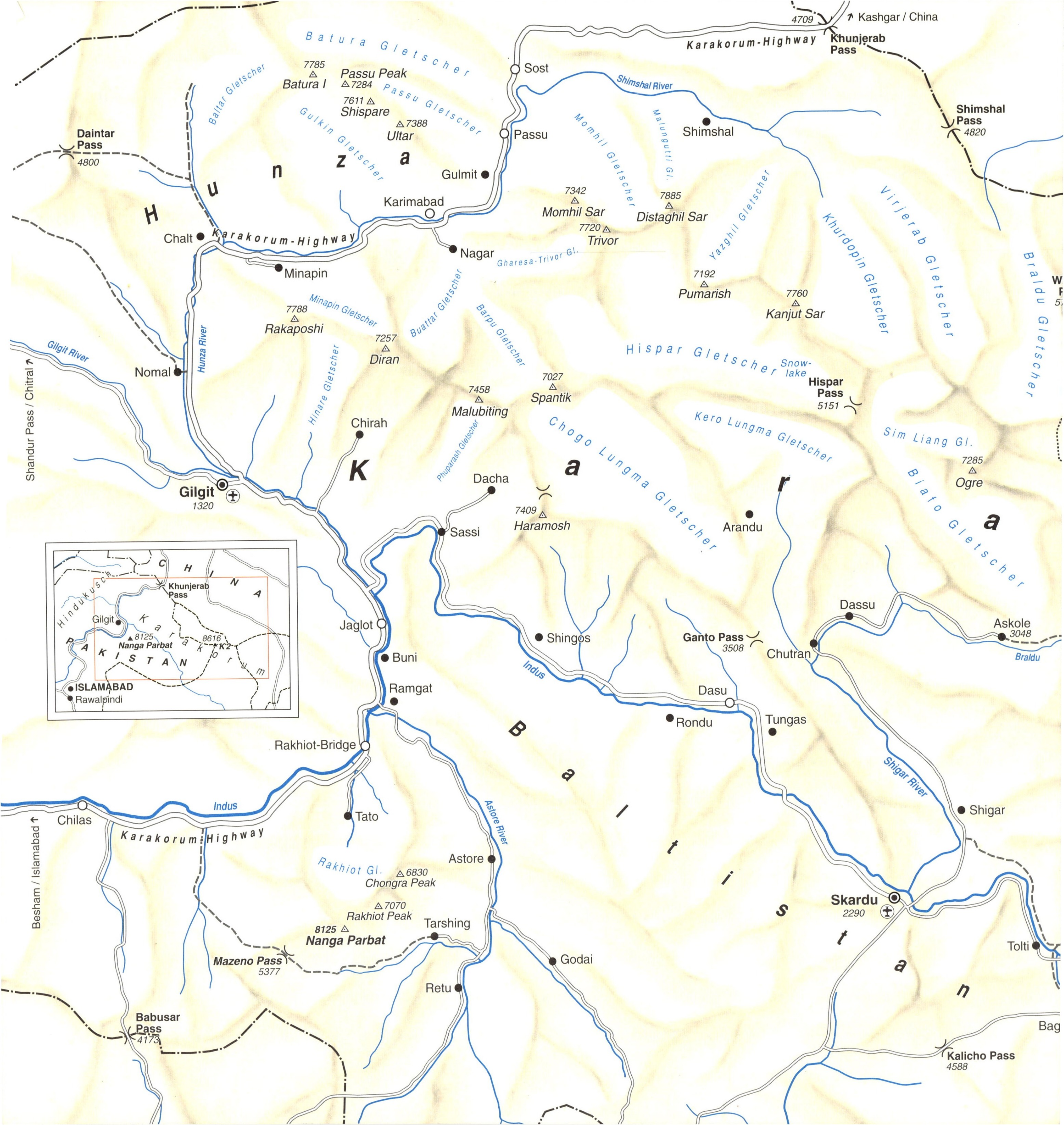

Kashgar / China
4709
Khunjerab Pass
Karakorum-Highway
Batura Gletscher
7785
Batura I
Passu Peak
7284
Passu Gletscher
7611
Shispare
7388
Ultar
Baltar Gletscher
Gulkin Gletscher
Sost
Shimshal River
Shimshal Pass
4820
Shimshal
Passu
Gulmit
Momhil Gletscher
Malunguti Gl.
Daintar Pass
4800
Hunza
Karimabad
7342
Momhil Sar
7885
Distaghil Sar
Yazghil Gletscher
Khurdopin Gletscher
Virjerab Gletscher
Braldu Gletscher
Chalt
Karakorum-Highway
7720
Trivor
Nagar
Gharesa-Trivor Gl.
Minapin
Minapin Gletscher
7192
Pumarish
7760
Kanjut Sar
7788
Rakaposhi
Buattar Gletscher
Barpu Gletscher
7257
Diran
Hispar Gletscher
Snow-lake
Hispar Pass
5151
Gilgit River
Shandur Pass / Chitral
Nomal
Hunza River
Hinare Gletscher
7027
Spantik
7458
Malubiting
Kero Lungma Gletscher
Sim Liang Gl.
Chirah
Chogo Lungma Gletscher
Phuparash Gletscher
7285
Ogre
Biafo Gletscher
Karakorum
Gilgit
1320
Dacha
7409
Haramosh
Arandu
Sassi
CHINA
Khunjerab Pass
Hindukusch
Gilgit
8125
Nanga Parbat
8616
K2
PAKISTAN
Karakorum
ISLAMABAD
Rawalpindi
Jaglot
Shingos
Ganto Pass
3508
Dassu
Askole
3048
Chutran
Braldu
Buni
Indus
Dasu
Ramgat
Rondu
Tungas
Baltistan
Rakhiot-Bridge
Shigar River
Shigar
Indus
Chilas
Tato
Besham / Islamabad
Karakorum-Highway
Astore River
Astore
Rakhiot Gl.
6830
Chongra Peak
Skardu
2290
7070
Rakhiot Peak
8125
Nanga Parbat
Tarshing
Mazeno Pass
5377
Godai
Tolti
Retu
Babusar Pass
4173
Bag
Kalicho Pass
4588